MENSAJERO DE LA PAZ Y LA ESPERANZA

VISITA DE SU SANTIDAD JUAN PABLO II A CUBA

COLECCIÓN FÉLIX VARELA ❹

EDICIONES UNIVERSAL, Miami, Florida, 1998

MENSAJERO DE LA PAZ Y LA ESPERANZA

VISITA DE SU SANTIDAD JUAN PABLO II A CUBA

JUAN PABLO, AMIGO, CUBA ESTÁ CONTIGO

Primera edición, 1998

EDICIONES UNIVERSAL
P.O. Box 450353 (Shenandoah Station)
Miami, FL 33245-0353. USA
Tel: (305) 642-3234 Fax: (305) 642-7978
e-mail: ediciones@kampung.net

Library of Congress Catalog Card No.:
I.S.B.N.: 0-89729-867-5

Para esta edición se han utilizado los textos de la
Conferencia de Obispos Católicos de Cuba,
del libro *Episcopologio* del P. Reinerio Lebroc,
y de los periódicos
Diario las Américas, El Nuevo Herald y
La Voz Católica.
Corrector de pruebas: Manuel Matías
Trabajos de edición: JMS
Fotografía de la cubierta: Papa Juan Pablo II
Fotografías de la cubierta e interiores del Calendario 1998
de la Conferencia de Obispos Católicos de Cuba.

ÍNDICE

Extracto del mensaje del papa Pío XII clausurando el V Congreso de la Confederación Interamericana de Educación Católica celebrado en La Habana en 1954 7

Prólogo de Alberto Muller: Mensajero de la conversión 9

VISITA DEL PAPA A CUBA

Programa de la visita 13
Discurso de Su Santidad a su llegada 17
Texto del mensaje a la diócesis de Pinar del Río 21
Misa en Santa Clara
    Bienvenida por el obispo de Santa Clara 24
    Homilía de Su Santidad 26
Misa en Camagüey
    Bienvenida por el obispo de Camagüey 33
    Homilía de Su Santidad 34
Encuentro con el Mundo de la Cultura (Universidad de La Habana)
    Palabras de acogida del Cardenal Jaime Ortega 42
    Discurso del Santo Padre 43
Misa en Santiago de Cuba
    Bienvenida por el obispo de Santiago de Cuba 50
    Homilía de Su Santidad 53
Encuentro con el Mundo del Dolor
    Palabras de bienvenida del Cardenal Jaime Ortega 60
    Homilía de Su Santidad 61
La Habana
    Mensaje de Su Santidad en el Encuentro Ecuménico 68
    Misa en La Habana
        Saludo al Santo Padre del Cardenal Jaime Ortega 71
        Homilía del Papa 73
        Ángelus 76
    Palabras de Su Santidad durante la reunión con la Conferencia
        de Obispos Católicos de Cuba 77
    Encuentro con el clero y laicos
        Palabras de acogida del Cardenal Jaime Ortega 84

Palabras de Su Santidad 86
Palabras de despedida de Su Santidad Juan Pablo II 90
El pueblo de Cuba responde al Papa 93

APÉNDICES

Mensajes a Cuba de cuatro papas durante este siglo 97
Otros mensajes de Su Santidad Juan Pablo II a Cuba 99
El Amor todo lo espera 102
Salir de Cuba, Mons. Jaime Ortega Alamino 121
Declaración del Comité Permanente de la Conferencia de Obispos
    Católicos de Cuba 124
Démonos fraternalmente la Paz 130
Comparecencia en televisión del Cardenal Jaime Ortega y Alamino 136
Mensaje del Papa Juan Pablo II con ocasión de la fiesta de Navidad 143
Discursos del Cardenal Jaime Ortega durante su viaje a Miami:
    Homilía en la Catedral de Miami 148
    Palabras en la Ermita de la Caridad 156
    Homilía en la Universidad de Santo Tomás 160
    Universidad de Santo Tomás(doctorado Honoris Causa) 167
    Universidad de Barry 172
Epílogo de Marcos Antonio Ramos 181

ILUSTRACIONES

Virgen de la Caridad del Cobre, Patrona de Cuba 8
Basílica y Santuario Nacional de Nuestra Señora la Virgen de la
    Caridad del Cobre, Patrona de Cuba 12
Bandera cubana y escudo papal 16
Catedral de Pinar del Río 20
Catedral de Santa Clara 22
Catedral de Camagüey 32
Universidad de La Habana 40
Metropolitana Iglesia Catedral de Santiago de Cuba 48
Catedral de Cienfuegos 58
Metropolitana Iglesia Catedral de La Habana 66
Catedral de Ciego de Ávila 180
Catedral de Bayamo-Manzanillo 184
Catedral de Holguín 185
Cardenal Jaime Ortega en la ermita de la Caridad del Cobro en Miami .. 186

PALABRAS PROFÉTICAS DE PIO XII [1]

«Esta vez vuestra reunión ha encontrado acogida señorial en esta espléndida ciudad de San Cristóbal de La Habana donde habéis podido admirar una Universidad fundada por la Iglesia nada menos que en 1728, y tan pujantes instituciones docentes católicas, como la moderna Universidad de Santo Tomás de Villanueva y ese grandioso colegio de Belén que es honor de la Iglesia y orgullo de Cuba católica. Levantad los ojos hijos amadísimos, y contemplad esa bellísima ciudad, recostada en la boca de su bahía, mirándose en las aguas azules de ese tibio mar que baña sus pies, recreándose en las verdes colinas que limitan su horizonte, oreada con las brisas suaves que le manda el canal de la Florida. Todo se diría que invita al optimismo y a la paz, aunque allá lejos a lo mejor ruja la tormenta o se esté formando junto a cualquier isla remota el tifón desolador. Paz y optimismo han sido sin duda alguna el espíritu de vuestra asamblea; pero no os olvidéis de que más allá brama el oleaje de las pasiones desencadenadas y corren por el cielo, en galopadas tenebrosas, nubes negras ansiosas de descargar en vuestros campos el granito mortal y de arrasar vuestros sembrados con el ímpetu iracundo del huracán. Pero está escrito: ¡no prevalecerán! Y pasarán como pasan esos turbiones de vuestro cielo que dejan el aire luego más limpio, el sol más luminoso y la tierra más fecunda, aunque dejen también un triste séquito de muerte y de desolación...»

---

[1] Extracto del mensaje del papa Pío XII clausurando el V Congreso de la Confederación Interamericana de Educación Católica celebrado en La Habana en 1954.

Virgen de la Caridad, Patrona de Cuba

MENSAJERO DE LA CONVERSIÓN

¡Oh, qué misterio un alma de Pontífice!
José Martí (1891)

Las palabras de Su Santidad Juan Pablo II —dirigidas al corazón adolorido de la Nación durante su recién visita a Cuba— son una réplica maravillosa de aquella cita de Isaías: *«qué hermosos son sobre los montes los pies del mensajero que anuncia la paz»...*

Los pueblos han sentido el misterio amoroso del evangelio en la frágil presencia del anciano Pontífice de la Iglesia Católica en su incansable peregrinar por todos los rincones del mundo.

Las extravagancias materialistas del modernismo, que han intentado matar a Dios para sustituirlo con sus predominios despreciables de poder y acoso a la libertad, han terminado inevitablemente quebrando el tejido moral de la sociedad.

Por eso el pueblo cubano, lacerado y agobiado por tantos excesos de violencias padecidos durante más de cuatro décadas, no ha dudado en poner su confianza en los valores de bondad anunciados por el Papa en la isla: *«no devuelvan a nadie mal por mal...tengan igualdad de trato unos con otros...sean fuertes por dentro...audaces en la libertad y generosos en el amor»...*

La conciencia nacional cubana ha quedado estremecida con la multitud de pueblo que se ha congregado alrededor del pontífice para orar a Dios y aceptar con humildad la conversión esperada.

Al pisar tierra cubana Juan Pablo II se dirigió a creyentes y nocreyentes, en un signo inequívoco de unidad latente en el anhelo de aquella oración que nos exigía a todos *«ser hermanos.»*

Durante sus cinco días de peregrinar por la isla: en sus palabras volando sobre Pinar del Río, en la recepción en el aeropuerto habanero, en Santa Clara, en Camagüey, en Santiago de Cuba, en la Universidad de La

Habana y en la Plaza Cívica de la capital; en sus discursos a los jóvenes, a los enfermos, a los sacerdotes y dirigentes políticos, el Papa repitió con convicción contagiosa de apóstol peregrino de la conversión que *«la libertad...la verdad...la tolerancia...el perdón...la justicia social...el respeto a los derechos humanos...y la reconciliación»* son valores inherentes y consustanciales a la dignidad de todos los cubanos.

Y esto provocó que Cuba sintiera en su presencia el testimonio maravilloso que nos pide que *«abramos sin miedo las puertas a Jesús de Nazaret.»*

Los cristianos en Cuba que con absoluta dignidad en la desarticulada sociedad cubana aceptan su misión de pobreza evangélica, humildad humana y solidaridad con los más necesitados, han recibido —con el andar milagroso del Papa por la isla— la reafirmación de una vocación misionera de amor que están obligados a sembrar en el corazón de todo el pueblo cubano.

Y la fórmula ya conocida se enfatizó una y otra vez: *«ÁMENSE LOS UNOS A LOS OTROS»...*

A los jóvenes...el Papa les pidió encarecidamente *«que fuesen mensajeros de la verdad y la esperanza.»*

A los enfermos con quienes compartió dolencias... les dijo: *«el Evangelio se hace presente en la Caridad, que es signo de su fidelidad al Señor.»*

En Santa Clara dio Gracias a Dios por el gran don de la familia...*«Dios nos creó a imagen suya.»*

En Camagüey exaltó la memoria del patriotismo en Ignacio Agramonte *«que movido por su fe cristiana encarnó los valores del bien, la honradez, la fidelidad y el amor.»*

En Santiago de Cuba coronó a la Virgen morena de la Caridad del Cobre...*«con la Virgen, la Iglesia es Madre y Maestra en el seguimiento de Cristo.»*

En la reunión que sostuvo con los intelectuales les dijo...*«toda cultura es un esfuerzo de reflexión sobre el misterio del mundo...porque en Cristo toda expresión cultural se siente profundamente respetada.»*

Ya en el acto central en la Plaza Cívica de La Habana consagró el espíritu de Dios sobre los presentes y pidió con insistencia amorosa: *«no tengáis miedo...es la hora de emprender juntos los nuevos caminos que exigen los tiempos que vivimos, al acercarse el tercer milenio de la era cristiana.»*

¿Quién podrá dudar que toda misión de salvación para un país se inicia a partir de un signo de amor y dentro de un proceso de conversión nacional, del cual ya se palpan sus primeros frutos?

Lo demás vendrá por añadidura...

Alberto Muller[2]
Febrero 2 de 1998

---

[2] Alberto Muller, escritor, periodista y Licenciado en Ciencias Políticas, es un dirigente católico cubano.

Basílica y Santuario Nacional de Nuestro Señora la
Virgen de la Caridad del Cobre, Patrona de Cuba.

PROGRAMA DE LA VISITA DE SU SANTIDAD JUAN PABLO II A CUBA

MIÉRCOLES 21 de enero de 1998:

10 a.m. El avión del Papa deja Roma.

4 p.m. El avión llega al Aeropuerto Internacional José Martí en La Habana

Fidel Castro se hace cargo de dar la bienvenida.

El Papa hace su discurso de llegada.

Caravana hasta la Nunciatura Apostólica, residencia papal.

JUEVES 22 de enero de 1998:

8:30 a.m. El Papa se va de La Habana a Santa Clara en avión.

9:10 a.m. Llega a la base aérea militar en Santa Clara.

10:15 a.m. Misa en el terreno atlético del Instituto de Educación Física Manuel Fajardo.

Homilía sobre la familia.

1:25 p.m. Se va de Santa Clara y regresa a La Habana.

2:05 p.m. Llega al Aeropuerto Internacional José Martí.

6 p.m. Visita de cortesía por invitación de Fidel Castro al Palacio de la Revolución.

VIERNES 23 de enero de 1998:

8:30 a.m. Se va de La Habana en avión hacia Camagüey.

9:30 a.m. Llega al Aeropuerto Ignacio Agramonte de Camagüey.

10:35 a.m. Misa con bautizos de adultos en la Plaza Ignacio Agramonte. Homilía sobre la juventud.

1:40 p.m. Se marcha de Camagüey para La Habana.

2:40 p.m. Llega al Aeropuerto Internacional José Martí.

6:30 p.m. Se encuentra con representantes culturales en el salón principal de la Universidad de La Habana en un «encuentro con el mundo de la cultura». Discurso papal.

SÁBADO 24 de enero de 1998:

8:30 a.m. Marcha de La Habana para Santiago de Cuba.

10 a.m. Llega al Aeropuerto Antonio Maceo en Santiago de Cuba.

11:10 a.m. Misa y coronación de Nuestra Señora de la Caridad, santa patrona de Cuba, en la Plaza Antonio Maceo. Homilía sobre la patria.

2:20 p.m. Se va de Santiago de Cuba de regreso a La Habana.

3:50 p.m. Llega al Aeropuerto Internacional José Martí.

7 p.m. Visita el Hospicio de San Lázaro, en El Rincón, provincia de La Habana. Se encuentra con leprosos y ancianos. Homilía de Su Santidad.

DOMINGO 25 de enero de 1998:

8 a.m. Encuentro ecuménico con líderes religiosos protestantes y judíos en la Nunciatura Apostólica, residencia papal.

9:30 a.m. Misa en la Plaza José Martí de La Habana. Recital de Ángelus Domini.

12:45 p.m. Encuentro con los miembros de la Conferencia de Obispos de la Iglesia Católica Romana en Cuba en la Arquidiócesis de La Habana. Discurso papal.

5 p.m. Reunión con sacerdotes, hermanos, monjas, seminaristas y activistas laicos en la Catedral de La Habana. Discurso papal.

6:45 p.m. Ceremonia de despedida en el Aeropuerto Internacional José Martí.

7:30 p.m. El avión del Papa se va para Roma.

Discurso de Su Santidad Juan Pablo II a su llegada a La Habana el miércoles 21 de enero de 1998:

Señor Presidente, señor Cardenal y hermanos en el Episcopado, excelentísimas autoridades, miembros del cuerpo diplomático, amadísimos hermanos y hermanas de Cuba:

Doy gracias a Dios, Señor de la historia y de nuestros destinos, que me ha permitido venir hasta esta tierra, calificada por Cristóbal Colón como «la más hermosa que ojos humanos han visto». Al llegar a esta isla, donde fue plantada hace ya más de 500 años la Cruz de Cristo, cruz celosamente conservada hoy como un tesoro en el templo parroquial de Baracoa, en el extremo oriental del País, saludo a todos con particular emoción y gran afecto.

Ha llegado el feliz día, tan largamente deseado, en que puedo corresponder a la invitación que los obispos de Cuba me formularon hace ya algún tiempo, invitación que el señor Presidente de la República me hizo también y que reiteró personalmente en el Vaticano con ocasión de su visita el mes de noviembre de 1996. Me llena de satisfacción visitar esta nación, estar entre ustedes y poder compartir así unas jornadas llenas de fe, de esperanza y de amor.

Me complace dirigir mi saludo en primer lugar al señor presidente doctor Fidel Castro Ruz, que ha tenido el gesto de venir a recibirme y al cual deseo manifestar mi gratitud por sus palabras de bienvenida. Expreso igualmente mi reconocimiento a las demás autoridades aquí presentes, así como al cuerpo diplomático y a los que han ofrecido su valiosa cooperación para preparar esta visita pastoral.

Saludo entrañablemente a mis hermanos en el Episcopado; en particular, al señor cardenal Jaime Lucas Ortega y Alamino, Arzobispo de La Habana y a cada uno de los demás obispos cubanos, así como a los que han venido de otros países para participar en los actos de esta visita pastoral y así renovar y fortalecer, como tantas veces, los estrechos vínculos de comunión y afecto de sus Iglesias particulares con la Iglesia que está en Cuba. En este saludo mi corazón se abre también con gran afecto a los queridos sacerdotes, diáconos, religiosos, religiosas, catequistas y fieles, a los que me debo en el Señor como Pastor de la Iglesia Universal (cf. Const. dogm. Lumen gentium, 22). En todos ellos veo la imagen de esta Iglesia local, tan amada y siempre presente en mi corazón, sintiéndome muy solidario y cercano a sus aspiraciones y legítimos deseos. Quiera Dios que esta visita que hoy comienza sirva para animarlos a todos en el empeño de poner su propio esfuerzo para alcanzar esas expectativas con el concurso de cada cubano y la ayuda del Espíritu Santo. Ustedes son y deben ser los protagonistas de su propia historia personal y nacional.

Asimismo, saludo cordialmente a todo el pueblo cubano, dirigiéndome a todos sin excepción: hombres y mujeres, ancianos y jóvenes, adolescentes y niños; a las personas que encontraré y a las que no podrán acudir por diversos motivos a las diferentes celebraciones.

Con este viaje apostólico vengo, en nombre del Señor, para confirmarlos en la fe, animarlos en la esperanza, alentarlos en la caridad; para compartir su profundo espíritu religioso, sus afanes, alegrías y sufrimientos, celebrando, como miembros de una gran familia, el misterio del amor divino y hacerlo presente más profundamente en la vida y en la historia de este noble pueblo, sediento de Dios y de valores espirituales que la Iglesia, en estos cinco siglos de presencia en la isla, no ha dejado de dispensar. Vengo como peregrino del amor, de la verdad y de la esperanza, con el deseo de dar un nuevo impulso a la labor evangelizadora que, aun en medio de dificultades, esta Iglesia local mantiene con vitalidad y dinamismo apostólico caminando hacia el Tercer Milenio cristiano.

En el cumplimiento de mi ministerio, no he dejado de anunciar la verdad sobre Jesucristo, el cual nos ha revelado la verdad sobre el hombre, su misión en el mundo, la grandeza de su destino y su inviolable dignidad. A este respecto, el servicio al hombre es el camino de la Iglesia. Hoy vengo a compartir con ustedes mi convicción profunda de que el mensaje del Evangelio conduce al amor, a la entrega, al sacrificio y al perdón, de modo que si un pueblo recorre este camino es un pueblo con esperanza de un futuro mejor.

Por eso, ya desde los primeros momentos de mi presencia entre ustedes, quiero decir con la misma fuerza que al inicio de mi Pontificado: «No tengan miedo de abrir sus corazones a Cristo», dejen que Él entre en sus vidas, en sus familias, en la sociedad, para que así todo sea renovado. La Iglesia repite este llamado, convocando sin excepción a todos: personas, familias, pueblos, para que siguiendo fielmente a Jesucristo encuentren el sentido pleno de sus vidas, se pongan al servicio de sus semejantes, transformen las relaciones familiares, laborales y sociales, lo cual redundará siempre en beneficio de la patria y la sociedad.

La Iglesia en Cuba ha anunciado siempre a Jesucristo, aunque en ocasiones haya tenido que hacerlo con escasez de sacerdotes y en circunstancias difíciles. Quiero expresar mi reconocimiento a tantos creyentes cubanos por su fidelidad a Cristo, a la Iglesia y al Papa, así como por el respeto demostrado hacia las tradiciones religiosas más genuinas aprendidas de los mayores y por el valor y perseverante espíritu de entrega que han testimoniado en medio de sus sufrimientos y anhelos. Todo ello se ha visto recompensado en muchas ocasiones con la solidaridad mostrada por otras comunidades eclesiales de América y del mundo entero. Hoy, como siempre, la Iglesia en Cuba desea poder disponer del espacio necesario para seguir sirviendo a todos en conformidad con la misión y enseñanzas de Jesucristo.

Amados hijos de la Iglesia Católica en Cuba: sé bien cuánto han esperado el momento de mi visita, y saben cuánto lo he deseado yo. Por eso acompaño con la oración mis mejores votos para que esta tierra pueda ofrecer a todos una atmósfera de libertad, de confianza recíproca, de justicia social y de paz duradera.

Que Cuba se abra con todas sus magníficas posibilidades al mundo y que el mundo se abra a Cuba, para que este pueblo, que como todo hombre y nación busca la verdad, que trabaja por salir adelante, que anhela la concordia y la paz, pueda mirar el futuro con esperanza.

Con la confianza puesta en el Señor y sintiéndome muy unido a los amados hijos de Cuba, agradezco de corazón esta calurosa acogida con la que se inicia mi visita pastoral, que encomiendo a la maternal protección de la Santísima Virgen de la Caridad del Cobre. Bendigo de corazón a todos, y de modo particular a los pobres, los enfermos, los marginados y a cuantos sufren en el cuerpo o en el espíritu.

¡Alabado sea Jesucristo!

Catedral de Pinar del Río

A Pinar del Río

Texto del mensaje por telegrama que Su Santidad Juan Pablo II envió la diócesis de Pinar del Río mientras sobrevolaba ese territorio.

Mons. José Siro González Bacallao[3], Obispo de Pinar del Río, Pinar del Río:

Al sobrevolar el territorio de esa amada diócesis de Pinar del Río, antes de llegar a La Habana para iniciar mi viaje apostólico a Cuba, me complace dirigir un cordial saludo a los hijos e hijas de esa región occidental de la nación, cuyos atractivos naturales evocan aquella otra riqueza que son los valores espirituales que les han distinguido y que están llamados a conservar y trasmitir a las generaciones futuras para el bien y el progreso de la patria.

Evocando la fiel entrega de los católicos, que en torno a su obispo son imagen viva de la Iglesia, les animo a perseverar en su opción de fe, su esperanza viva y su caridad solícita, y como prenda de mi afecto me complace impartir a toda la comunidad eclesial de Pinar del Río la bendición apostólica.

IOANNES PAULUS PP. II

---

[3] «José Siro nació en Candelaria, diócesis de Pinar del Río el 19 de diciembre de 1930. Ingresa en el Seminario El Buen Pastor de Arroyo Arenas. Ordenado presbítero el 28 de febrero de 1954. Elegido para obispo de su iglesia pinareña el 30 de marzo de 1982 y ordenado el 16 de mayo del mismo año.» (*Episcopologio* del P. R. Lebroc).

Catedral de Santa Clara

MISA EN SANTA CLARA
**Jueves 22 de enero de 1998
Campo atlético del Instituto de
Educación Física Manuel Fajardo.**

Bienvenida al Santo Padre por el obispo de Santa Clara, monseñor Fernando Prego[4]

Querido Santo Padre:

Después de larga y ansiosa espera, hoy, rebosantes de alegría, experimentamos el inmenso consuelo de tener entre nosotros a Su Santidad, que ha querido cruzar nuevamente el océano para venir a visitar a sus hijos en la fe católica y a todos los hombres de buena voluntad, que vivimos en esta noble y hermosa isla de Cuba, tierra de María Santísima, como la tituló en una ocasión el Papa Pío XII, de grata memoria. Y esta tierra cubana, de María Santísima de la Caridad del Cobre, lo recibe hoy, Santo Padre, con grande ansia y expectación envueltas en profundo cariño.

Los cubanos, y hablo en primer lugar en nombre de los miles y miles de hombres y mujeres de todas las edades que se profesan católicos y también en nombre de todos los hombres y mujeres de buena voluntad, durante largos años hemos esperado el momento en que la palabra del Papa pudiera ser escuchada por nosotros, directamente de sus labios, para que, penetrando en nuestras almas, como la lluvia que hace fecundos nuestros campos vivifique y fortalezca nuestros corazones y nuestras inteligencias.

¡Necesitábamos tanto verlo y escucharlo! Confirme nuestra fe, Santo Padre, para que cada día seamos más firmes en ella, más valientes para seguir a Jesucristo y más decididos para manifestar a todos, con palabras y obras, que Dios ama al mundo que creó.

Anime nuestra esperanza, Santidad, para que podamos levantar siempre nuestra vista hacia el cielo, aun en medio de las ansiedades y desilusiones causadas por las penas, los fracasos y los trabajos de la vida diaria; a fin de que recibiendo fuerza de lo alto aumente nuestra
 confianza en Dios y seamos capaces de percibir siempre y en todas las cosas su Providencia.

---

[4] «Fernando Prego nació en La Habana el 25 de agosto de 1923. Estudió filosofía y teología en el Seminario San Carlos de La Habana. Fue ordenado presbítero por el Cardenal Arteaga el 11 de julio de 1948; y en 1950 nombrado rector del seminario del Buen Pastor de Arroyo Arenas. Obispo auxiliar en 1971. Actualmente es obispo de Santa Clara.»(*Episcopologio* del P. R. Lebroc).

Nuestra caridad a veces se deteriora, por la falta de mutua comprensión, por la falta de capacidad para perdonar, porque nos empeñamos en mantener diferencias, en vez de vivir como hermanos, con un amor semejante al que Jesús nos presenta en el Evangelio.

Recuérdenos, Santo Padre, que la caridad, el amor fraterno, ha de ser siempre el sello distintivo de todo cristiano.

Esperamos su palabra, que oriente y conforte a todas las familias cubanas: para que disminuyan los males que afectan gravemente los hogares: el excesivo número de divorcios, el aborto —el crimen horrendo del aborto—, el distanciamiento que se experimenta en muchas familias por motivos laborales, de estudios o penales; el sufrimiento a causa de quienes se han ido lejos en busca de otros horizontes y el gran dolor ocasionado por quienes se han ido y no han vuelto a aparecer.

Por eso, Santo Padre, oriente con autoridad a las familias cubanas que tanto necesitan de su palabra.

Hoy, en la persona de Su Santidad, Dios está con nosotros, hoy Dios va a hablarnos para enseñarnos con su voz. Hoy nos sentimos felices porque disfrutamos de su presencia.

Sea muy bienvenido a Santa Clara, Santo Padre y a toda Cuba. Reciba nuestro gran cariño y nuestra inmensa gratitud.

HOMILÍA DE SU SANTIDAD JUAN PABLO II EN SANTA CLARA

Las palabras que hoy te digo quedarán en tu memoria; se las repetirás a tus hijos y hablarás de ellas estando en casa y yendo de camino. Nos hemos reunido en el Campo de Deportes del Instituto Superior de Cultura Física «Manuel Fajardo», convertido hoy como un inmenso templo abierto. En este encuentro queremos dar gracias a Dios por el gran don de la familia.

Ya en la primera página de la Biblia el autor sagrado nos presenta esta institución: «Dios creó al hombre a imagen suya y los creó varón y mujer». En este sentido, las personas humanas en su dualidad de sexos son, como Dios mismo y por voluntad suya, fuente de vida: «Crezcan y multiplíquense». Por tanto, la familia está llamada a cooperar en el plan de Dios y en su obra creadora mediante la alianza de amor esponsal entre el hombre y la mujer y, como nos dirá San Pablo, dicha alianza es también signo de la unión de Cristo con la Iglesia.

Queridos hermanos y hermanas: me complace saludar con gran afecto a monseñor Fernando Prego Casal, obispo de Santa Clara, a los señores cardenales y demás obispos, a los sacerdotes y diáconos, a los miembros de las comunidades religiosas, a todos ustedes, fieles laicos. Quiero dirigir también un deferente saludo a las autoridades civiles. Mis palabras se dirigen muy especialmente a las familias aquí presentes, las cuales quieren proclamar el firme propósito de realizar en su vida el proyecto salvífico del Señor.

La institución familiar en Cuba es depositaria del rico patrimonio de virtudes que distinguieron a las familias criollas de tiempos pasados, cuyos miembros se empeñaron tanto en los diversos campos de la vida social y forjaron el país sin reparar en sacrificios y adversidades.

Aquellas familias, fundadas sólidamente en los principios cristianos, así como en su sentido de solidaridad familiar y respeto por la vida, fueron verdaderas comunidades del cariño mutuo, de gozo y fiesta, de confianza y seguridad, de serena reconciliación. Se caracterizaron también, como muchos hogares de hoy, por la unidad, el profundo respeto a los mayores, el alto sentido de responsabilidad, acatamiento sincero de la autoridad paterna y materna, la alegría y el optimismo, tanto en la promesa como en la riqueza, los deseos por luchar por un mundo mejor y, por encima de todo, por la gran fe y confianza en Dios.

Hoy las familias en Cuba están también afectadas por los desafíos que sufren actualmente tantas familias en el mundo. Son numerosos los miembros de estas familias que han luchado y dedicado su vida para conquistar una existencia mejor, en la que se vean garantizados los derechos humanos indispensables: el trabajo, alimentación, vivienda, salud, educación, seguridad social, participación social, libertad de asociación y para elegir su propia vocación.

La familia, célula fundamental de la sociedad y garantía de su estabilidad, sufre sin embargo la crisis que pueden afectar a la sociedad misma. Esto ocurre cuando los matrimonios viven en sistemas económicos o culturales que, bajo la apariencia de libertad y progreso, promueven o incluso defienden una mentalidad antinatalista, induciendo de ese modo a los esposos a recurrir a métodos de control de la natalidad que no están de acuerdo con la dignidad humana.

Se llega incluso al aborto, que es siempre, además de un crimen abominable, un absurdo empobrecimiento de la persona y de la misma sociedad. Ante ello la Iglesia enseña que Dios ha confiado a los hombres la misión de trasmitir la vida de un modo digno del hombre, fruto de la responsabilidad y del amor entre los esposos.

La maternidad se presenta a veces como un retroceso o una limitación de la libertad de la mujer, distorsionando así su verdadera naturaleza y su dignidad. Los hijos son presentados no como lo que son, un gran don de Dios, sino como algo contra lo que hay que defenderse. La situación social que se ha vivido en este amado país ha acarreado también no pocas dificultades a la estabilidad familiar: las carencias materiales, como cuando los salarios no son suficientes o tienen un poder adquisitivo muy limitado, las insatisfacciones por razones ideológicas, la atracción de la sociedad de consumo.

Estas, junto con ciertas medidas laborales o de otro género, han provocado un problema que se arrastra en Cuba desde hace años: la separación forzosa de las familias dentro del país y la emigración, que ha desgarrado a familias enteras y ha sembrado dolor en una parte considerable de la población.

Experiencias no siempre aceptadas y a veces traumáticas son la separación de los hijos y la situación del papel de los padres a causa de los estudios que se realizan lejos del hogar en la edad de la adolescencia, en situaciones que dan por triste resultado la proliferación de la promiscuidad, el empobrecimiento ético, la vulgaridad, las relaciones prematrimoniales a temprana edad y el recurso fácil al aborto. Todo eso deja huellas profundas y negativas en la juventud, que está llamada a encarnar los valores morales auténticos para la consolidación de una sociedad mejor.

El camino para vencer estos males no es otro que Jesucristo, su doctrina y su ejemplo de amor total que nos salva. Ninguna ideología puede sustituir su infinita sabiduría y poder. Por eso es necesario recuperar los valores religiosos en el ámbito familiar y social, fomentando las prácticas de las virtudes que conformaron los orígenes de la nación cubana, en el proceso de construir su futuro «con todos y para bien de todos», como pedía José Martí.

La familia, la escuela y la Iglesia deben fomentar una comunidad educativa donde los hijos de Cuba puedan «crecer en humanidad». No tengan miedo, abran las familias y las escuelas a los valores del Evangelio de Jesucristo, que nunca son un peligro para ningún proyecto social.

«El Ángel del Señor se le apareció en sueños a José y le dijo: Levántate y toma al niño y a su madre». La palabra revelada nos muestra cómo Dios quiere proteger a la familia y preservarla de todo peligro. Por eso la Iglesia, animada e iluminada por el Espíritu Santo, trata de defender y proponer a sus hijos y a todos los hombres de buena voluntad, la verdad sobre los valores fundamentales del matrimonio cristiano y de la familia.

Asimismo, proclama, como deber ineludible, la santidad de este sacramento y sus exigencias morales, para salvaguardar la dignidad de toda persona humana. El matrimonio, con su carácter de unión exclusiva y permanente, es sagrado porque tiene su origen en Dios. Los cristianos, al recibir el sacramento del matrimonio, participan en el plan creador de Dios y reciben la gracia que necesitan para cumplir su misión, para educar y formar a los hijos y responder al llamado a la santidad. Es una unión distinta de cualquier otra unión humana, pues se funda en la entrega y aceptación mutua de los esposos con la finalidad de llegar a ser «una sola carne», viviendo en una comunidad de vida, amor, cuya vocación es ser «santuario de la vida».

Con su unión fiel y perseverante, los esposos contribuyen al bien de la institución familiar y manifiestan que el hombre y la mujer tienen la capacidad de darse para siempre el uno al otro, sin que la donación voluntaria y perenne anule la libertad, porque en el matrimonio cada personalidad debe permanecer inalterada y desarrollar la gran ley del amor: darse el uno al otro para entregarse juntos a la tarea que Dios les encomienda.

Si la persona humana es el centro de toda institución social, entonces la familia, primer ámbito de socialización, debe ser una comunidad de personas libres y responsables que lleven adelante el matrimonio como un proyecto de amor, siempre perfeccionable, que aporta vitalidad y dinamismo a la sociedad civil.

En la vida matrimonial el servicio a la vida no se agota en la concepción, sino que se prolonga en la educación de las nuevas generaciones. Los padres, al haber dado la vida a los hijos, tienen la gravísima obligación de educar a la prole y, por consiguiente, deben ser reconocidos como los primeros y principales educadores de sus hijos.

Esta tarea de la educación es tan importante que, cuando falta, difícilmente puede suplirse. Se trata de un deber y de un derecho insustituible e inalienable. Es verdad que en el ámbito de la educación a la autoridad pública le competen derechos y deberes, ya que tiene que servir al bien común; sin embargo, esto no le da derecho a sustituir a los padres.

Por tanto, los padres, sin esperar que otros los reemplacen en lo que es su responsabilidad, deben poder escoger para sus hijos el estilo pedagógico, los contenidos éticos y civiles y la inspiración religiosa en los que desean formarlos integralmente.

No esperen que todo les venga dado. Asuman su misión educativa, buscando y creando los espacios y medios adecuados en la sociedad civil.

Se ha de procurar, además, a las familias una casa digna y un hogar unido, de modo que puedan gozar y trasmitir una educación ética y un ambiente propicio para el cultivo de los altos ideales y la vivencia de la fe.

Queridos hermanos y hermanas, queridos esposos y padres, queridos hijos: he deseado recordar algunos aspectos esenciales del proyecto de Dios sobre el matrimonio y la familia para ayudarlos a vivir con generosidad y entrega ese camino de santidad al que muchos están llamados.

Acojan con amor la palabra del Señor proclamada en esta Eucaristía. En el salmo responsorial hemos escuchado: «Dichoso el que teme al Señor y sigue sus caminos... tus hijos como renuevos del olivo, alrededor de tu mesa... ésta es la bendición del hombre que teme al Señor».

Muy grande es la vocación a la vida matrimonial y familiar, inspirada en la Palabra de Dios y según el modelo de la Sagrada Familia de Nazaret.

Amados cubanos: ¡Sean fieles a la palabra divina y a este modelo!

Queridos maridos y mujeres, padres y madres, familias de la noble Cuba: ¡Conserven en su vida ese modelo sublime, ayudados por la gracia que se les ha dado en el sacramento del matrimonio! Que Dios, Padre, Hijo y Espíritu Santo, habite en sus hogares.

Así las familias católicas de Cuba contribuirán decisivamente a la gran causa divina de la salvación del hombre en esta tierra bendita que es su patria y su nación.

Cuba: ¡Cuida a tus familias para que conserves sano tu corazón!

Que la Virgen de la Caridad del Cobre, madre de todos los cubanos, madre en el hogar de Nazaret, interceda por todas las familias de Cuba para que, renovadas, vivificadas y ayudadas en sus dificultades, vivan en serenidad y paz, superen los problemas y dificultades, y todos sus miembros alcancen la salvación que viene de Jesucristo, Señor de la historia y de la humanidad.

A Él la gloria y el poder por los siglos de los siglos. ¡Amén!

MISA EN CAMAGÜEY
Viernes 23 de abril de 1998
Plaza Ignacio Agramonte

Catedral de Camagüey

Mensaje de los jóvenes cubanos al Santo Padre
23 de Enero de 1998

¡Benditos los pies del mensajero que anuncia la paz!
¡Bendito sea, padre y amigo, Juan Pablo II!
¡Cuántos años esperándole! ¡Cuánto tiempo anhelando su visita!

Desde que supimos que usted vendría, en el corazón de muchos jóvenes cubanos se encendió una llama, se comenzó a sentir un calor, se empezó a ver una luz. Esa llama, ese calor y esa luz llenan hoy esta plaza, ésta ciudad de Camagüey. Y es que lo reconocemos como el Papa de los jóvenes.

¡Gracias, Santo Padre, por estar aquí!

A pesar de vivir tan lejos de nuestro país, lo sentimos muy cerca. Sabemos que ha sufrido. Sabemos que ha vivido muy de cerca el dolor y la enfermedad. Sabemos que como nosotros, ha sentido la tentación de la vida fácil, de abandonar a Cristo. Pero también sabemos que en usted, como en muchos de los que esta mañana estamos aquí ha triunfado la fuerza de la resurrección de Jesús.

Aquí estamos, hermano Juan Pablo, los jóvenes cubanos. Estamos con nuestras limitaciones y problemas, con nuestros pecados, pero con las puertas de nuestros corazones abiertas pare dejar entrar la gracia y el amor de Cristo que hoy se nos comunican por medio de su Vicario.

Santo Padre, crea que desde hoy los jóvenes cubanos seremos mejores. Confíe que tendremos más fe, que viviremos con una nueva esperanza.

¡Gracias por estar con nosotros!
¡Lo reciben los corazones jóvenes de Camagüey y de Cuba!
¡Bienvenido, Sucesor de Pedro! ¡Queremos escucharle!
¡Bienvenido, Santo Padre! ¡Deseamos abrazarle!
¡Bienvenido Juan Pablo II!

Palabras de bienvenida pronunciadas por el obispo de Camagüey, monseñor Adolfo Rodríguez.[5]

Santo Padre: No tenemos en nuestro vocabulario otra palabra que podamos pronunciar con más justicia, más verdad y más gusto que esta palabra de pocas letras, de fácil pronunciación y de difícil sustitución que es la palabra ¡gracias! ¡Gracias, Santo Padre en nombre de todos!

Tengo el honor de recoger el sentir agradecido de todos los camagüeyanos, de los que están aquí y de los que no están aquí pero están en nuestro recuerdo y en nuestro corazón: de los que no han podido venir por las distancias; de los enfermos que en esta mañana alegre han tenido un triste despertar; de los que están impedidos por su condición de presos o de trabajadores en industria de producción continua... y en nombre de todos decirle: Bienvenido a esta tierra, que es la tierra buena del Evangelio donde basta tirar la semilla para verla crecer y florecer.

Los cubanos repetimos muchas veces esta frase popular: «las puertas de mi casa están siempre abiertas para ti»; y así le decimos a Usted en esta espléndida mañana: las puertas de las casas de nuestros hogares, de nuestros corazones están siempre abiertas para Usted en esta entrañable isla, pequeña y a la vez grande, lejana y a la vez cercana, pobre y a la vez inmensamente rica. Su riqueza, su grandeza están en su gloriosa historia, en su sol, en sus mares, su palma real, su cielo azul; están en la fertilidad de su tierra... pero están sobre todo en la nobleza de sus hijos. los cubanos, marcados por una cultura del corazón que ha generado un cubano amistoso, afable, abierto... frecuentemente definido por los que visitan el país con este elogio que no merecemos del todo pero que nos gusta oírlo: «el cubano es buena gente». Este noble pueblo merece esta visita y nunca va a olvidar en la memoria de la cabeza ni en la memoria del corazón la estela que deja esta histórica visita; la inspiración que deja su persona y su misión; el ejemplo de su vida

---

[5] «El obispo de Camagüey, Adolfo Rodríguez Herrera, nació en Minas de Camagüey el 9 de abril de 1924. Estudió en San Basilio, El Buen Pastor y en la universidad de Comillas, en España. Nombrado presbítero en 1948, fue párroco de Vertientes y asesor diocesano de la Federación de Juventudes Católicas. En mayo de 1963 fue nombrado obispo auxiliar de Camagüey y es actualmente, su obispo». (*Episcopologio* del P. R. Lebroc).

tan fuertemente marcada por la cruz pero iluminada por la fe; el gesto de venir hasta aquí desde tan lejos recorriendo fatigosamente tantas millas, en las condiciones no mejores para Usted. El amor hace grandes cosas o no es amor, y sólo el amor y un amor muy grande han obrado esta maravilla que nunca terminaremos de agradecerle.

Esta visita es muy significativa para nosotros en este año del Centenario de nuestras guerras de independencia,porque necesitamos clarificar cada vez más plenamente nuestra identidad nacional volviendo a nuestras raíces. Y su visita coincide ya con las puertas del III milenio en el que queremos recorrer de la mano de Cristo nuevos caminos en un nuevo siglo cargado de esperanzas, dando una respuesta de fe a los retos pastorales de la iglesia del año 2000, caminando siempre por los caminos de la paz, del amor y de la concordia junto a este pueblo que tiene más miedo a la división que a la diversidad, a la discordia que a la concordia.

Santo Padre, le presento con sano orgullo a este pueblo contento y agradecido. Aquí están nuestros sacerdotes, diáconos, religiosas seminaristas; aquí están nuestras Autoridades civiles, los Pastores de otras confesiones cristianas; aquí hay no creyentes a quienes consideramos nuestros hermanos y amigos; aquí están jóvenes de otras diócesis de Cuba y de otros países. Y aquí están nuestros laicos. Están los cientos de laicos que en sus horas no laborables o escolares, sacando tiempo no se sabe de dónde, han visitado a pie decenas de millares de familias, de casa en casa, de puerta en puerta en toda la Diócesis, anunciando a Jesucristo e invitando a esta Eucaristía sin que apenas ninguna casa haya cerrado sus puertas al mensaje que llevaban. En Cuba hemos tenido varias etapas de la evangelización; una primera que realizaron Religiosos de España; una segunda que realizaron Ministros de otras confesiones cristianas, procedentes entonces preferentemente de los Estados Unidos. Ahora han sido los laicos cubanos lo que han evangelizado a los cubanos; y eso lo debemos a la expectante espera de su visita.

Bendíganos, Santo Padre a todos con una bendición grande que abrace y estreche a todos los cubanos en un mismo abrazo de fraternidad, de comprensión y de paz, hoy y siempre.

HOMILÍA DE SU SANTIDAD JUAN PABLO II EN CAMAGÜEY

No te dejes vencer por el mal; vence al mal a fuerza de bien». [Romanos, 12,21] Los jóvenes cubanos se reúnen hoy con el Papa para celebrar su fe y escuchar la Palabra de Dios, que es el camino para salir de las obras del mal y de las tinieblas y revestirse así con las armas de la luz para obrar el bien. Con este motivo, me complace tener este encuentro con todos ustedes en esta gran Plaza, donde en el altar se renovará el sacrificio de Jesucristo. Este lugar, que lleva el nombre de Ignacio Agramonte, «El Bayardo», nos recuerda a un héroe querido por todos, el cual, movido por su fe cristiana, encarnó los valores que adornan a los hombres y mujeres de bien: la honradez, la veracidad, la fidelidad, el amor a la justicia. Él fue buen esposo y padre de familia y buen amigo, defensor de la dignidad humana frente a la esclavitud.

Ante todo quiero saludar con afecto a monseñor Adolfo Rodríguez Herrera, Pastor de esta Iglesia diocesana, a su Obispo auxiliar, monseñor Juan García Rodríguez, así como a los demás obispos y sacerdotes presentes, que con su labor pastoral animan y conducen a los jóvenes cubanos hacia Cristo, el Redentor, el Amigo que nunca falla. El encuentro con Él mueve a la conversión y a la alegría singular, que hace exclamar, como a los discípulos después de la resurrección: «Hemos visto al Señor» [Juan 20,24]. Saludo asimismo a las autoridades civiles, que han querido asistir a esta Santa Misa, y les agradezco la cooperación para este acto cuyos invitados principales son los jóvenes.

«¿Cómo podrá el joven llevar una vida limpia? ¡Viviendo de acuerdo con Su palabra!» [Salmo 119,9]. El Salmo nos da la respuesta al interrogante que todo joven se ha de plantear si desea llevar una existencia digna y decorosa, propia de su condición. Para ello, el único camino es Jesús. Los talentos que han recibido del Señor y que llevan a la entrega, al amor auténtico y a la generosidad fructifican cuando se vive no sólo de lo material y caduco, sino «de toda palabra que sale de la boca de Dios» [Mateo 4,4]. Por eso, queridos jóvenes, los animo a sentir el amor de Cristo, siendo conscientes de lo que Él ha hecho por ustedes, por la humanidad entera, por los hombres y mujeres de todos los tiempos. Sintiéndose amados por Él podrán hablar de verdad. Experimentando una íntima comunión de vida con Él, que vaya acompañada por la recepción de su Cuerpo, la escucha de su palabra, la alegría de su perdón y de su misericordia, podrán imitarlo, llevando así, como enseña el salmista, «una vida limpia».

¿Qué es llevar una vida limpia? Es vivir la propia existencia según las normas morales del Evangelio propuestas por la Iglesia. Actualmente, por desgracia, para muchos es fácil caer en un relativismo moral y en una falta de identidad que sufren tantos jóvenes, víctimas de esquemas culturales vacíos de sentido o de algún tipo de ideología que no ofrece normas morales altas y precisas. Ese relativismo moral genera egoísmo, división, marginación, discriminación, miedo y desconfianza hacia los otros. Más aún, cuando un joven vive «a su forma», idealiza lo extranjero, se deja seducir por el materialismo desenfrenado, pierde las propias raíces y anhela la evasión. Por eso, el vacío que producen estos comportamientos explica muchos males que rondan a la juventud: el alcohol, la sexualidad mal vivida, el uso de drogas, la prostitución que se esconde bajo diversas razones, cuyas causas no son siempre sólo personales, las motivaciones fundadas en el gusto o las actitudes egoístas, el oportunismo, la falta de un proyecto serio de vida en el que no hay lugar para el matrimonio estable, además del rechazo a toda autoridad legítima, el anhelo de la evasión y de la emigración, huyendo del compromiso y de la responsabilidad para refugiarse en un mundo falso cuya base es la alienación y el desarraigo.

Ante esa situación, el joven cristiano que anhela llevar «una vida limpia», firme en su fe, sabe que está llamado y elegido por Cristo para vivir en la auténtica libertad de los hijos de Dios, que incluye no pocos desafíos. Por eso, acogiendo la gracia que recibe de los Sacramentos, sabe que ha de dar testimonio de Cristo con su esfuerzo constante por llevar una vida recta y fiel a Él.

La fe y el obrar moral están unidos. En efecto, el don recibido nos conduce a una conversión permanente para imitar a Cristo y recibir las promesas divinas. Los cristianos, por respetar los valores fundamentales que configuran una vida limpia, llegan a veces a sufrir, incluso de modo heroico, marginación o persecución, debido a que esa opción moral es opuesta a los comportamientos del mundo. Este testimonio de la cruz de Cristo en la vida cotidiana es también una semilla segura y fecunda de nuevos cristianos. Una vida plenamente humana y comprometida con Cristo tiene ese precio de generosidad y entrega.

Queridos jóvenes, el testimonio cristiano, la «vida digna» a los ojos de Dios tiene ese precio. Si no están dispuestos a pagarlo, vendrá el vacío existencial y la falta de un proyecto de vida digno y responsablemente asumido con todas sus consecuencias. La Iglesia tiene el deber de dar una formación moral, cívica y religiosa que ayude a los jóvenes cubanos a crecer en los valores humanos y cristianos, sin miedo y con la perseverancia de una obra educativa que necesita el tiempo, los medios y las instituciones que son propios de esa siembra de virtud y espiritualidad para bien de la Iglesia y de la Nación.

«Maestro bueno, ¿qué haré para heredar la vida eterna?» {Marcos 10,18]. En el Evangelio que hemos escuchado un joven pregunta a Jesús qué debe «hacer», y el Maestro, lleno de amor, le responde cómo tiene que «ser». Este joven presume de haber cumplido las normas y Jesús le responde que lo necesario es dejarlo todo y seguirlo. Esto da radicalidad y autenticidad a los valores y permite al joven realizarse como persona y como cristiano. La clave de esa realización está en la fidelidad, expuesta por San Pablo, en la primera lectura, como una característica de nuestra identidad cristiana.

He ahí el camino de la fidelidad trazado por San Pablo: «En la actividad, no sean descuidados... sean cariñosos unos con otros... Que la esperanza los tenga alegres... Practiquen la hospitalidad... Bendigan... Tengan igualdad de trato unos con otros... Pónganse al nivel de la gente humilde... No muestren suficiencia... No devuelvan a nadie mal por mal... No se dejen vencer por el mal, venzan al mal a fuerza de bien» [Romanos, 12, 9-21]. Queridos jóvenes, sean creyentes o no, acojan el llamado a ser virtuosos. Ello quiere decir que sean fuertes por dentro, grandes de alma, ricos en los mejores sentimientos, valientes en la verdad, audaces en la libertad, constantes en la responsabilidad, generosos en el amor, invencibles en la esperanza. La felicidad se alcanza desde el sacrificio. No busquen fuera lo que pueden encontrar dentro. No esperen de los otros lo que ustedes son capaces y están llamados a ser y a hacer. No dejen para mañana el construir una sociedad nueva, donde los sueños más nobles no se frustren y donde ustedes puedan ser los protagonistas de su historia.

Recuerden que la persona humana y el respeto por la misma son el camino de un mundo nuevo. El mundo y el hombre se asfixian si no se abren a Jesucristo. Ábranle el corazón y emprendan así una vida nueva, que sea conforme a Dios y responda a las legítimas aspiraciones que ustedes tienen de verdad, de bondad y de belleza. ¡Que Cuba eduque a sus jóvenes en la virtud y la libertad para que pueda tener un futuro de auténtico desarrollo humano integral en un ambiente de paz duradera!

Queridos jóvenes católicos: éste es todo un programa de vida personal y social fundado en la caridad, la humildad y el sacrificio, teniendo como razón última «servir al Señor». Les deseo la alegría de poderlo realizar. Los esfuerzos que ya se hacen en la Pastoral Juvenil deben encaminarse hacia la realización de este programa de vida. Para ayudarlos les dejo también un Mensaje escrito, con la esperanza de que llegue a todos los jóvenes cubanos, que son el futuro de la Iglesia y de la Patria. Un futuro que comienza ya en el presente y que será gozoso si está basado en el desarrollo integral de cada uno, lo cual no puede alcanzarse sin Cristo, al margen de Cristo o mucho menos en contra de Cristo. Por eso, y como dije al inicio de mi Pontificado y he querido repetir a mi llegada a Cuba: «No tengan miedo de abrir sus corazones a Cristo». Les dejo con gran afecto este lema y exhortación, pidiéndoles que, con valentía y coraje apostólico, lo transmitan a los demás jóvenes cubanos. Que Dios todopoderoso y la Santísima Virgen de la Caridad del Cobre les ayuden a responder generosamente a este llamado».

Universidad de La Habana

ENCUENTRO CON EL MUNDO DE LA CULTURA

**Aula Magna de la Universidad de La Habana
23 de enero de 1998**

Palabras de acogida del Emmo.
Sr. Cardenal Jaime Ortega

Santidad:

Su presencia en nuestro más tradicional e histórico centro de estudios tiene un motivo muy particular: en esta Aula Magna de la Universidad de La Habana se guardan con reverencia los restos mortales del Siervo de Dios Padre Félix Varela, el sacerdote de vida santa y el patriota ilustre que nos enseñara a los cubanos que ante todo debíamos ejercitar nuestro pensamiento.

El surgimiento y posterior afianzamiento de la cultura está asociada al pensamiento y al magisterio del Padre Varela. Nuestra nacionalidad ya comenzó a fraguar en las aulas del Seminario San Carlos, cuna de patricios de estirpe cubana, en donde enseñó la Filosofía y explicó el Derecho Constitucional nuestro venerado Sacerdote y ardiente patriota.

Cultura cubana y fe cristiana no brotaron ni se manifestaron en sus orígenes y posterior desarrollo como dos realidades distantes o antagónicas, sino bien articuladas entre sí.

Esta singularidad es también merecedora de la presencia de Su Santidad en este lugar, de sus Palabras al mundo de la cultura cubana actual, que se alimenta en esas raíces. Palabras que vienen del Pontífice que ha tenido, como una de sus grandes preocupaciones en la Sede Romana, hacer que fe cristiana y cultura se encuentren o se reencuentren. Dejo ahora la palabra al Sr. Rector de la Universidad de La Habana, que da la bienvenida a Su Santidad a este alto centro docente.

Discurso pronunciado por el Santo Padre en el Aula Magna de la Universidad de La Habana el 23 de enero de 1998.

Señores Cardenales y Obispos, Autoridades universitarias, Ilustres Señoras y Señores:

Es para mí un gozo encontrarme con Ustedes en este venerable recinto de la Universidad de La Habana. A todos dirijo mi afectuoso saludo y, en primer lugar, quiero agradecer las palabras que el Señor Cardenal Jaime Ortega y Alamino ha tenido a bien dirigirme, en nombre de todos, para darme la bienvenida, así como el amable saludo del Señor Rector de esta Universidad, que me ha acogido en esta Aula Magna. En ella se conservan los restos del gran sacerdote y patriota, el Siervo de Dios Padre Félix Varela, ante los cuales he rezado. Gracias, señor Rector, por presentarme a esta distinguida asamblea de mujeres y hombres que dedican sus esfuerzos a la promoción de la cultura genuina en esta noble nación cubana.

La cultura es aquella forma peculiar con la que los hombres expresan y desarrollan sus relaciones con la creación, entre ellos mismos y con Dios, formando el conjunto de valores que caracterizan a un pueblo y los rasgos que lo definen. Así entendida, la cultura tiene una importancia fundamental para la vida de las naciones y para el cultivo de los valores humanos más auténticos. La Iglesia, que acompaña al hombre en su camino, que se abre a la vida social, que busca los espacios para su acción evangelizadora, se acerca, con su palabra y su acción, a la cultura.

La Iglesia católica no se identifica con ninguna cultura particular, sino que se acerca a todas ellas con espíritu abierto. Ella, al proponer con respeto su propia visión del hombre y de los valores, contribuye a la creciente humanización de la sociedad. En la evangelización de la cultura es Cristo mismo el que actúa a través de su Iglesia, ya que con su Encarnación «entra en la cultura» y «trae para cada cultura histórica el don de la purificación y de la plenitud» (Conclusiones de Santo Domingo, 228).

«Toda cultura es un esfuerzo de reflexión sobre el misterio del mundo y, en particular, del hombre: es un modo de expresar la dimensión trascendente de la vida humana» (Discurso en la ONU, 5 octubre 1995, 9).

Respetando y promoviendo la cultura, la Iglesia respeta y promueve al hombre: al hombre que se esfuerza por hacer más humana su vida y por acercarla, aunque sea a tientas, al misterio escondido de Dios. Toda cultura tiene un núcleo íntimo de convicciones religiosas y de valores morales, que constituye como su «alma»; es ahí donde Cristo quiere llegar con la fuerza sanadora de su gracia. La evangelización de la cultura es como una elevación de su «alma religiosa», infundiéndole un dinamismo nuevo y potente, el dinamismo del Espíritu Santo, que la lleva a la máxima actualización de sus potencialidades humanas. En Cristo, toda cultura se siente profundamente respetada, valorada y amada; porque toda cultura está siempre abierta, en lo más auténtico de sí misma, a los tesoros de la Redención.

Cuba, por su historia y situación geográfica, tiene una cultura propia en cuya formación ha habido influencias diversas: la hispánica, que trajo el catolicismo; la africana, cuya religiosidad fue permeada por el cristianismo; la de los diferentes grupos de inmigrantes; y la propiamente americana. Es de justicia recordar la influencia que el Seminario de San Carlos y San Ambrosio, de La Habana, ha tenido en el desarrollo de la cultura nacional bajo el influjo de figuras como José Agustín Caballero, llamado por Martí «padre de los pobres y de nuestra filosofía», y el sacerdote Félix Varela, verdadero padre de la cultura cubana. La superficialidad o el anticlericalismo de algunos sectores en aquella época no son genuinamente representativos de lo que ha sido la verdadera idiosincrasia de este pueblo, que en su historia ha visto la fe católica como fuente de los ricos valores de la cubanía que, junto a las expresiones típicas, canciones populares, controversias campesinas y refranero popular, tiene una honda matriz cristiana, lo cual es hoy una riqueza y una realidad constitutiva de la Nación.

Hijo preclaro de esta tierra es el Padre Félix Varela y Morales, considerado por muchos como piedra fundacional de la nacionalidad cubana. Él mismo es, en su persona, la mejor síntesis que podemos encontrar entre fe cristiana y cultura cubana. Sacerdote habanero ejemplar y patriota indiscutible, fue un pensador insigne que renovó en la Cuba del siglo XIX los métodos pedagógicos y los contenidos de la enseñanza filosófica, jurídica, científica y teológica. Maestro de generaciones de cubanos, enseñó que para asumir responsablemente la existencia lo primero que se debe aprender es el difícil arte de pensar correctamente y con cabeza propia. Él fue el primero que habló de independencia en estas tierras. Habló también de democracia, considerándola como el proyecto político más armónico con la naturaleza humana, resaltando a la vez las exigencias que de ella se derivan.. Entre estas exigencias destacaba dos: que haya personas educadas para la libertad y la responsabilidad, con un proyecto ético forjado en su interior, que asuman lo mejor de la herencia de la civilización y los perennes valores trascendentes, para ser así capaces de emprender tareas decisivas al servicio de la comunidad; y, en segundo lugar, que las relaciones humanas. así como el estilo de convivencia social. favorezcan los debidos espacios donde cada persona pueda, con el necesario respeto y solidaridad, desempeñar el papel histórico que le corresponde para dinamizar el Estado de Derecho, garantía esencial de toda convivencia humana que quiera considerarse democrática.

El Padre Varela era consciente de que, en su tiempo, la independencia era un ideal todavía inalcanzable; por ello se dedicó a formar personas. hombres de conciencia, que no fueran soberbios con los débiles, ni débiles con los poderosos. Desde su exilio de Nueva York, hizo uso de los medios que tenía a su alcance: la correspondencia personal, la prensa y la que podríamos considerar su obra cimera, las Cartas a Elpidio sobre la impiedad, la superstición y el fanatismo en sus relaciones con la sociedad, verdadero monumento de enseñanza moral, que constituye su precioso legado a la juventud cubana. Durante los últimos treinta años de su vida, apartado de su cátedra habanera, continuó enseñando desde lejos, generando de ese modo una escuela de pensamiento, un estilo de convivencia social y una actitud hacia la patria que deben iluminar, también hoy, a todos los cubanos.

Toda la vida del Padre Varela estuvo inspirada en una profunda espiritualidad cristiana. Esta es su motivación más fuerte, la fuente de sus virtudes, la raíz de su compromiso con la Iglesia y con Cuba: buscar la gloria de Dios en todo. Eso lo llevó a creer en la fuerza de lo pequeño, en la eficacia de las semillas de la verdad, en la conveniencia de que los cambios se dieran con la debida gradualidad hacia las grandes y auténticas reformas. Cuando se encontraba al final de su camino, momentos antes de cerrar los ojos a la luz de este mundo y de abrirlos a la Luz inextinguible, cumplió aquella promesa que siempre había hecho:

> «Guiado por la antorcha de la fe, camino al sepulcro en cuyo borde espero, con la gracia divina, hacer, con el último suspiro, una protestación de mi firme creencia y un voto fervoroso por la prosperidad de mi patria» (*Cartas a Elpidio*, tomo I, carta 6, p. 182).

Esta es la herencia que el Padre Varela dejó. El bien de su patria sigue necesitando de la paz sin ocaso, que es Cristo. Cristo es la vía que guía al hombre a la plenitud de sus dimensiones, el camino que conduce hacia una sociedad más justa, más libre, más humana y más solidaria. El amor a Cristo y a Cuba, que iluminó la vida del Padre Varela, está en la raíz más honda de la cultura cubana. Recuerden la antorcha que aparece en el escudo de esta Casa de estudios: no es sólo memoria, sino también proyecto. Los propósitos y los orígenes de esta Universidad, su trayectoria y su herencia, marcan su vocación de ser madre de sabiduría y de libertad, inspiradora de fe y de justicia, crisol donde se funden ciencia y conciencia, maestra de universalidad y de cubanía.

La antorcha que, encendida por el Padre Varela, había de iluminar la historia del pueblo cubano, fue recogida, poco después de su muerte, por esa personalidad relevante de la nación que es José Martí: escritor y maestro en el sentido más pleno de la palabra, profundamente democrático e independentista, patriota, amigo leal aún de aquellos que no compartían su programa político. Él fue, sobre todo, un hombre de luz, coherente con sus valores éticos y animado por una espiritualidad de raíz eminentemente cristiana. Es considerado como un continuador del pensamiento del Padre Varela, a quien llamó «el santo cubano».

En esta Universidad se conservan los restos del Padre Varela como uno de sus tesoros más preciosos. Por doquier, en Cuba, se ven también los monumentos que la veneración de los cubanos ha levantado a José Martí. Y estoy convencido de que este pueblo ha heredado las virtudes humanas, de matriz cristiana, de ambos hombres, pues todos los cubanos participan solidariamente de su impronta cultural. En Cuba se puede hablar de un diálogo cultural fecundo, que es garantía de un crecimiento más armónico y de un incremento de iniciativas y de creatividad de la sociedad civil. En este país, la mayor parte de los artífices de la cultura —católicos y no católicos, creyentes y no creyentes— son hombres de diálogo, capaces de proponer y de escuchar. Los animo a proseguir en sus esfuerzos por encontrar una síntesis con la que todos los cubanos puedan identificarse; a buscar el modo de consolidar una identidad cubana armónica que pueda integrar en su seno sus múltiples tradiciones nacionales. La cultura cubana, si está abierta a la Verdad, afianzará su identidad nacional y la hará crecer en humanidad.   La Iglesia y las instituciones culturales de la Nación deben encontrarse en el diálogo y cooperar así al desarrollo de la cultura cubana. Ambas tienen un camino y una finalidad común: servir al hombre, cultivar todas las dimensiones de su espíritu y fecundar desde dentro todas sus relaciones comunitarias y sociales. Las iniciativas que ya existen en este sentido deben encontrar apoyo y continuidad en una pastoral para la cultura, en diálogo permanente con personas e instituciones del ámbito intelectual.

Peregrino en una Nación como la suya, con la riqueza de una herencia mestiza y cristiana, confío que en el porvenir los cubanos alcancen una civilización de la justicia y de la solidaridad, de la libertad y de la verdad, una civilización del amor y de la paz que, como decía el Padre Varela, «sea la base del gran edificio de nuestra felicidad». Para ello me permito poner de nuevo en las manos de la juventud cubana aquel legado, siempre necesario y siempre actual, del Padre de la cultura cubana; aquella misión que el Padre Varela encomendó a sus discípulos: «Diles que ellos son la dulce esperanza de la patria y que no hay patria sin virtud, ni virtud con impiedad».

Metropolitana Iglesia Catedral de Santiago de Cuba

MISA EN SANTIAGO DE CUBA.
Sábado 24 de enero de 1998.
Plaza Antonio Maceo

Palabras de saludo al Santo Padre por el Arzobispo de Santiago de Cuba monseñor Pedro Meurice Estíu[6]

En nombre de la Arquidiócesis de Santiago de Cuba y de todos los hombres de buena voluntad de estas provincias orientales le doy la más cordial bienvenida.

Esta es una tierra indómita y hospitalaria, cuna de libertad y hogar de corazón abierto.

Lo recibimos como a un Padre en esta tierra que custodia, con entrañas de dignidad y raíces de cubanía, la campana de la Demajagua y la bendita imagen de la Virgen de la Caridad de El Cobre.

El calor de Oriente, el alma indomable de Santiago y el amor filial de los católicos de esta diócesis primada proclaman: ¡Bendito el que viene en nombre del Señor!

Quiero presentarle, Santo Padre, a ese pueblo que me ha sido confiado. Quiero que Su Santidad conozca nuestros logros en educación, salud, deportes..., nuestras grandes potencialidades y virtudes..., los anhelos y las angustias de esta porción del pueblo cubano.

Santidad: este es un pueblo noble y es también un pueblo que sufre.

Este es un pueblo que tiene la riqueza de la alegría y la pobreza material que lo entristece y agobia casi hasta no dejarlo ver más allá de la inmediata subsistencia.

Este es un pueblo que tiene vocación de universalidad y es hacedor de puentes de vecindad y afecto, pero que cada vez está más bloqueado por intereses foráneos y padece una cultura del egoísmo debido a la dura crisis económica y moral que sufrimos.

Nuestro pueblo es respetuoso de la autoridad y le gusta el orden, pero necesita aprender a desmitificar los falsos mesianismos.

---

[6] « Pedro Claro Meurice Estíu nació en San Luis de Oriente el 23 de febrero de 1932. Estudió en el Seminario San Basilio y luego en el Seminario Santo Tomás de Aquino de la República Dominicana. Presbítero el 26 de junio de 1955. Continuó sus estudios en el Seminario Diocesano de Vitoria en España y en la Pontificia Universidad Gregoriana en Roma. Fue Canciller del arzobispado y secretario de Monseñor Pérez Serantes. Nombrado obispo auxiliar de Oriente en 1967.» (*Episcopologio* del P. R. Lebroc).

Este es un pueblo que ha luchado largos siglos por la justicia social y ahora se encuentra, al final de una de esas etapas, buscando otra vez cómo superar las desigualdades y la falta de participación.

Santo Padre: Cuba es un pueblo que tiene una entrañable vocación de solidaridad, pero a lo largo de su historia ha visto desarticulados o encallados los espacios de asociación y participación de la sociedad civil. De modo que le presento el alma de una nación que anhela reconstruir la fraternidad a base de libertad y solidaridad. Quiero que sepa, Beatísimo Padre, que toda Cuba ha aprendido a mirar en la pequeñez de la imagen de esta Virgen bendita, que será coronada hoy por Su Santidad, que la grandeza no está en las dimensiones de las cosas y las estructuras, sino en la estatura moral del espíritu humano.

Deseo presentar en esta Eucaristía a todos aquellos cubanos y santiagueros que no encuentran sentido a sus vidas, que no han podido optar y desarrollar un proyecto de vida por causa de un camino de despersonalización que es fruto del paternalismo.

Le presento, además, a un número creciente de cubanos que han confundido la Patria con un partido, la nación con el proceso histórico que hemos vivido las últimas décadas, y la cultura con una ideología. Son cubanos que al rechazar todo de una vez, sin discernir, se sienten desarraigados, rechazan lo de aquí y sobrevaloran todo lo extranjero. Algunos consideran esta como una de las causas más profundas del exilio interno y externo.

Santo Padre: Durante años este pueblo ha defendido la soberanía de sus fronteras geográficas con verdadera dignidad, pero hemos olvidado un tanto que esa independencia debe brotar de una soberanía de la persona humana que sostiene desde abajo todo proyecto como nación.

Le presentamos la época gloriosa del Padre Varela, del Seminario San Carlos en La Habana y de San Antonio María Claret en Santiago, pero también los años oscuros en que, por el desgobierno del patronato, la Iglesia fue diezmada a principios del siglo 19 y así atravesó el umbral de esta centuria tratando de recuperarse hasta que, en la década del 50, encontró su máximo esplendor y cubanía. Luego, fruto de la confrontación ideológica con el marxismo leninismo, estatalmente inducido, volvió a ser empobrecida de medios y agentes de pastoral pero no de mociones del Espíritu como fue el Encuentro Nacional Eclesial Cubano.

Su Santidad encuentra a esta Iglesia en una etapa de franco crecimiento y de sufrida credibilidad que brota de la cruz vivida y compartida.

Algunos quizá puedan confundir este despertar religioso con un culto pietista o con una falsa paz interior que escapa del compromiso.

Hay otra realidad que debo presentarle: la nación vive aquí y vive en la diáspora. El cubano sufre, vive y espera aquí, y también sufre, vive y espera allá fuera. Somos un pueblo único que, navegando a trancos sobre todos los mares, seguimos buscando la unidad que no será nunca fruto de la uniformidad sino de una alma común y compartida a partir de la diversidad.

Por esos mares vino también esta Virgen, mestiza como nuestro pueblo. Ella es la esperanza de todos los cubanos. Ella es la Madre cuyo manto tiene cobija para todos los cubanos sin distinción de raza, credo, opción política o lugar donde vivan.

La Iglesia en América Latina hizo en Puebla la opción por los pobres, y los más pobres entre nosotros son aquellos que no tienen el don preciado de la libertad. Ore, Santidad, por los enfermos, por los presos, por los ancianos y por los niños.

Santo Padre: Los cubanos suplicamos humildemente a Su Santidad que ofrezca sobre el altar, junto al Cordero Inmaculado que se hace para nosotros Pan de vida, todas estas luchas y azares del pueblo cubano, tejiendo sobre la frente de la Madre del cielo, esta diadema de realidades, sufrimientos, alegrías y esperanzas, de modo, que al coronar con ella esta imagen de Santa María, la Virgen Madre de Nuestro Señor Jesucristo, que en Cuba llamamos bajo el incomparable título de Nuestra Señora de la Caridad del Cobre, la declare como Reina de la República de Cuba.

Así, todas las generaciones de cubanos podremos continuar dirigiéndonos a Ella, pero con mayor audacia apostólica y serenidad de espíritu, con las bellas estrofas de su himno:

«Y tu Nombre será nuestro escudo,
nuestro amparo tus gracias serán».

Amén.

HOMILÍA DE SU SANTIDAD DURANTE LA CELEBRACIÓN EUCARÍSTICA EN SANTIAGO DE CUBA.
Sábado 24 de enero de 1998

«Dichosa la nación cuyo Dios es el Señor» (Sal 32, 12). Hemos cantado con el salmista que la dicha acompaña al pueblo que tiene a Dios como su Señor. Hace más de quinientos años, cuando llegó la cruz de Cristo a esta Isla, y con ella su mensaje salvífico, comenzó un proceso que, alimentado por la fe cristiana, ha ido forjando los rasgos característicos de esta Nación. En la serie de sus hombres ilustres están: aquel soldado que fue el primer catequista y misionero de Macaca; también el primer maestro cubano que fue el P. Miguel de Velázquez; el sacerdote Esteban Salas, padre de la música cubana; el insigne bayamés Carlos Manuel de Céspedes, Padre de la Patria, el cual, postrado a los pies de la Virgen de la Caridad, inició su lucha por la libertad y la independencia de Cuba; Antonio de la Caridad Maceo y Grajales, cuya estatua preside la plaza que hoy acoge nuestra celebración, al cual su madre pidió delante del crucifijo que se entregara hasta el extremo por la libertad de Cuba. Además de éstos, hay muchos hombres y mujeres ilustres que, movidos por su inquebrantable fe en Dios, eligieron la vía de la libertad y la justicia como bases de la dignidad de su pueblo.

Me complace encontrarme hoy en esta Arquidiócesis tan insigne, que ha contado entre sus Pastores a San Antonio María Claret. Ante todo, dirijo mi cordial saludo a Mons. Pedro Meurice Estíu, Arzobispo de Santiago de Cuba y Primado de esta Nación, así como a los demás Obispos, sacerdotes y diáconos, comprometidos en la extensión del Reino de Dios en esta tierra. Saludo asimismo a los religiosos y religiosas y a todo el pueblo fiel aquí presente. Deseo dirigir también un deferente saludo a las autoridades civiles que han querido participar en esta Santa Misa y les agradezco la cooperación prestada para su organización.

En esta celebración vamos a coronar la imagen de la Virgen de la Caridad del Cobre. Desde su santuario, no lejos de aquí, la Reina y Madre de todos los cubanos —sin distinción de razas, opciones políticas o ideologías—, guía y sostiene, como en el pasado, los pasos de sus hijos hacia la Patria celeste y los alienta a vivir de tal modo que en la sociedad reinen siempre los auténticos valores morales, que constituyen el rico patrimonio espiritual heredado de los mayores. A Ella, como hizo su prima Isabel, nos dirigimos agradecidos para decirle: «Dichosa tú, que has creído, porque lo que te ha dicho el Señor se cumplirá» (Lc 1, 45). En estas palabras está el secreto de la verdadera felicidad de las personas y de los pueblos: creer y proclamar que el Señor ha hecho maravillas para nosotros y que su misericordia llega a sus fieles de generación en generación. Este convencimiento es la fuerza que anima a los hombres y mujeres que, aun a costa de sacrificios, se entregan desinteresadamente al servicio de los demás.

El ejemplo de disponibilidad de María nos señala el camino a recorrer. Con Ella la Iglesia lleva a cabo su vocación y su misión, anunciando a Jesucristo y exhortando a hacer lo que Él nos dice; construyendo también la fraternidad universal en la que cada hombre pueda llamar Padre a Dios.

Como la Virgen María, la Iglesia es Madre y Maestra en el seguimiento de Cristo, luz para los pueblos, y dispensadora de la misericordia divina. Como comunidad de todos los bautizados, es asimismo recinto de perdón, de paz y reconciliación, que abre sus brazos a todos los hombres para anunciarles al Dios verdadero. Con el servicio a la fe de los hombres y mujeres de este amado pueblo, la Iglesia los ayuda a progresar por el camino del bien. Las obras de evangelización que van teniendo lugar en diversos ambientes, como por ejemplo las misiones en barrios y pueblos sin iglesias, deben ser cuidadas y fomentadas para que puedan desarrollarse y servir no sólo a los católicos, sino a todo el pueblo cubano para que conozca a Jesucristo y lo ame. La historia enseña que sin fe desaparece la virtud, los valores morales se oscurecen, no resplandece la verdad, la vida pierde su sentido trascendente y aun el servicio a la nación puede dejar de ser alentado por las motivaciones más profundas. A este respecto, Antonio Maceo, el gran patriota oriental, decía: «Quien no ama a Dios, no ama a la Patria».

La Iglesia llama a todos a encarnar la fe en la propia vida, como el mejor camino para el desarrollo integral del ser humano, creado a imagen y semejanza de Dios, y para alcanzar la verdadera libertad, que incluye el reconocimiento de los derechos humanos y la justicia social. A este respecto, los laicos católicos, salvaguardando su propia identidad para poder ser «sal y fermento» en medio de la sociedad de la que forman parte, tienen el deber y el derecho de participar en el debate público en igualdad de oportunidades y en actitud de diálogo y reconciliación. Asimismo, el bien de una nación debe ser fomentado y procurado por los propios ciudadanos a través de medios pacíficos y graduales. De este modo cada persona, gozando de libertad de expresión, capacidad de iniciativa y de propuesta en el seno de la sociedad civil y de la adecuada libertad de asociación, podrá colaborar eficazmente en la búsqueda del bien común.

La Iglesia, inmersa en la sociedad, no busca ninguna forma de poder político para desarrollar su misión, sino que quiere ser germen fecundo de bien común al hacerse presente en las estructuras sociales. Mira en primer lugar a la persona humana y a la comunidad en la que vive, sabiendo que su primer camino es el hombre concreto en medio de sus necesidades y aspiraciones. Todo lo que la Iglesia reclama para sí lo pone al servicio del hombre y de la sociedad. En efecto, Cristo le encargó llevar su mensaje a todos los pueblos, para lo cual necesita un espacio de libertad y los medios suficientes. Defendiendo su propia libertad, la Iglesia defiende la de cada persona, la de las familias, la de las diversas organizaciones sociales, realidades vivas, que tienen derecho a un ámbito propio de autonomía y soberanía (cf. Centesimus annus, 45). En este sentido, «el cristiano y las comunidades cristianas viven profundamente insertados en la vida de sus pueblos respectivos y son signo del Evangelio incluso por la fidelidad a su patria, a su pueblo, a la cultura nacional, pero siempre con la libertad que Cristo ha traído... La Iglesia está llamada a dar su testimonio de Cristo, asumiendo posiciones valientes y proféticas ante la corrupción del poder político o económico; no buscando la gloria o los bienes materiales; usando sus bienes para el servicio de los más pobres e imitando la sencillez de la vida de Cristo» (Redemptoris missio, 43).

Al recordar estos aspectos de la misión de la Iglesia, demos gracias a Dios, que nos ha llamado a formar parte de la misma. En ella, la Virgen María ocupa un lugar singular. Expresión de esto es la coronación de la venerada imagen de la Virgen de la Caridad del Cobre. La historia cubana está jalonada de maravillosas muestras de amor a su Patrona, a cuyos pies las figuras de los humildes nativos, dos indios y un moreno, simbolizan la rica pluralidad de este pueblo. El Cobre, donde está su Santuario, fue el primer lugar de Cuba donde se conquistó la libertad para los esclavos.

Amados fieles, no olviden nunca los grandes acontecimientos relacionados con su Reina y Madre. Con el dosel del altar familiar, Céspedes confeccionó la bandera cubana y fue a postrarse a los pies de la Virgen antes de iniciar la lucha por la libertad. Los valientes soldados cubanos, los mambises, llevaban sobre su pecho la medalla y la «medida» de su bendita imagen. El primer acto de Cuba libre tuvo lugar cuando en 1898 las tropas del General Calixto García se postraron a los pies de la Virgen de la Caridad en una solemne misa para la «Declaración mambisa de la Independencia del pueblo cubano». Las diversas peregrinaciones que la imagen ha hecho por los pueblos de la Isla, acogiendo los anhelos y esperanzas, los gozos y las penas de todos sus hijos, han sido siempre grandes manifestaciones de fe y de amor.

Desde aquí quiero enviar también mi saludo a los hijos de Cuba que en cualquier parte del mundo veneran a la Virgen de la Caridad; junto con todos sus hermanos que viven en esta hermosa tierra, los pongo bajo su maternal protección, pidiéndole a Ella, Madre amorosa de todos, que reúna a sus hijos por medio de la reconciliación y la fraternidad.

Hoy, siguiendo con esa gloriosa tradición de amor a la Madre común, antes de proceder a su coronación quiero dirigirme a Ella e invocarla con todos Ustedes:

¡Virgen de la Caridad del Cobre,
Patrona de Cuba!

¡Dios te salve, María, llena de gracia!
Tú eres la Hija amada del Padre,
la Madre de Cristo, nuestro Dios,
el Templo vivo del Espíritu Santo.
Llevas en tu nombre, Virgen de la Caridad,
la memoria del Dios que es Amor,
el recuerdo del mandamiento nuevo de Jesús,
la evocación del Espíritu Santo:
amor derramado en nuestros corazones,
fuego de caridad enviado en Pentecostés sobre la Iglesia,
don de la plena libertad de los hijos de Dios.

¡Bendita tú entre las mujeres
y bendito el fruto de tu vientre, Jesús!
Has venido a visitar nuestro pueblo
y has querido quedarte con nosotros
como Madre y Señora de Cuba,
a lo largo de su peregrinar
por los caminos de la historia.

Tu nombre y tu imagen están esculpidos
en la mente y en el corazón de todos los cubanos,
dentro y fuera de la Patria,
como signo de esperanza y centro de comunión fraterna.

¡Santa María, Madre de Dios y Madre nuestra!
Ruega por nosotros ante tu Hijo Jesucristo,
intercede por nosotros con tu corazón maternal,
inundado de la caridad del Espíritu.
Acrecienta nuestra fe, aviva la esperanza,
aumenta y fortalece en nosotros el amor.
Ampara nuestras familias,
protege a los jóvenes y a los niños,
consuela a los que sufren.
Sé Madre de los fieles y de los pastores de la Iglesia,
modelo y estrella de la nueva evangelización.

¡Madre de la reconciliación!
Reúne a tu pueblo disperso por el mundo.
Haz de la nación cubana un hogar de hermanos y hermanas
para que este pueblo abra de par en par
su mente, su corazón y su vida a Cristo,
único Salvador y Redentor,
que vive y reina con el Padre y el Espíritu Santo,
por los siglos de los siglos.

    Amén.

Catedral de Cienfuegos

Visita y encuentro con el Mundo del Dolor
Santuario de San Lázaro en el Rincón,
La Habana
Sábado 24 de enero de 1998

Palabras de bienvenida a Su Santidad del Emmo. Sr. Cardenal Jaime Ortega en el Santuario de San Lázaro, en el Rincón

Santo Padre:

«¡BENDITO EL QUE VIENE EN NOMBRE DEL SEÑOR!»

Con estas palabras del Evangelio queremos saludarle y agradecer a Dios, consuelo y fortaleza de los que sufren, su apreciada visita a los enfermos aquí congregados.

Ellos manifiestan el mundo del dolor, esa realidad múltiple y frecuentemente misteriosa del sufrimiento. Ellos son representantes de muchos otros hermanos que sufren a consecuencia de las enfermedades, de las carencias materiales y espirituales que hacen a menudo tan difícil la vida de los seres humanos. No olvidamos ahora a los que padecen privación de libertad, falta de vivienda, incomprensiones en la familia o en la sociedad.

Sabemos cuan cercano, en el afecto y en la comprensión, se encuentra Su Santidad de todas estas personas. Usted mismo, Santo Padre que, por designios indescifrables, a través de su vida, ha sido probado por los efectos de la violencia y la enfermedad.

Su ministerio apostólico, Santidad, lo ha llevado por los caminos del mundo como el buen samaritano de los tiempos modernos, aliviando pesares y alentando esperanzas.

La Providencia de Dios le ha traído hoy a este Santuario, que atrae una extendida y arraigada devoción de los cubanos. Con el corazón abierto a su bondad de Pastor Universal de la Iglesia, en nombre de los enfermos, las religiosas que sirven a esta institución, las autoridades y empleados de la salud, los devotos de San Lázaro, en nombre de todo nuestro pueblo, le doy la más entrañable bienvenida y todos quedamos pendientes de su palabra.

HOMILÍA DE SU SANTIDAD EN EL SANTUARIO DE SAN LÁZARO EN EL RINCÓN

Amadísimos hermanos y hermanas:

En mi visita a esta noble tierra no podía faltar un encuentro con el mundo del dolor, porque Cristo está muy cerca de todos los que sufren.

Los saludo con todo afecto, queridos enfermos acogidos en el cercano Hospital Doctor Guillermo Fernández Hernández-Baquero, que hoy llenan este Santuario de San Lázaro, el amigo del Señor. En Ustedes quiero saludar también a los demás enfermos de Cuba, a los ancianos que están solos, a cuantos padecen en su cuerpo o en su espíritu. Con mi palabra y afecto quiero llegar a todos siguiendo la exhortación del Señor: «Estuve enfermo y me visitaron» (Mt 25, 36). Los acompaña también el cariño del Papa, la solidaridad de la Iglesia, el calor fraterno de los hombres y mujeres de buena voluntad.

Saludo a las Hijas de la Caridad de San Vicente de Paúl, que trabajan en este Centro, y en ellas a las demás personas consagradas pertenecientes a diversos Institutos religiosos, que trabajan con amor en otros lugares de esta hermosa Isla para aliviar los sufrimientos de cada persona necesitada. La comunidad eclesial les está muy agradecida, pues contribuyen así a su misión desde su carisma particular, ya que «el Evangelio se hace operante mediante la caridad, que es gloria de la Iglesia y signo de su fidelidad al Señor» (Vita consecrate, 82).

Quiero saludar también a los médicos, enfermeros y personal auxiliar, que con competencia y dedicación utilizan los recursos de la ciencia para aliviar el sufrimiento y el dolor. La Iglesia estima su labor pues, animada por el espíritu de servicio y solidaridad con el prójimo, recuerda la obra de Jesús que curaba a los enfermos (cf. Mt 8,16). Conozco los grandes esfuerzos que se hacen en Cuba en el campo de la salud, a pesar de las limitaciones económica que sufre el País.

Vengo como peregrino de la verdad y la esperanza a este Santuario de San Lázaro, como testigo, en la propia carne, del significado y el valor que tiene el sufrimiento cuando se acoge acercándose confiadamente a Dios, «rico en misericordia». Este lugar es sagrado para los cubanos, porque aquí experimentan la gracia quienes se dirigen con fe a Cristo con la misma certeza de San Pablo: « Todo lo puedo en Aquel que me conforta» (Flp 4,13).

Aquí podemos repetir las palabras con las que Marta, hermana de Lázaro, expresó a Jesucristo su confianza, arrancándole así el milagro de la resurrección de su hermano: «Sé que todo lo que pidas a Dios, Dios te lo concederá» (Jn 11,22); y las palabras con las que le confesó a continuación: «Sí, Señor, yo creo que tú eres el Mesías, el Hijo de Dios vivo, el que tenía que venir al mundo » (Jn 11,27)

Queridos hermanos, todo ser humano experimenta, de una forma u otra, el dolor y el sufrimiento en la propia vida y no puede dejar de interrogarse sobre su significado. El dolor es un misterio, muchas veces inescrutable para la razón. Forma parte del misterio de la persona humana, que sólo se esclarece en Jesucristo, que es quien revela al hombre su propia identidad. Sólo desde Él podremos encontrar el sentido a todo lo humano.

«El sufrimiento —como he escrito en la Carta Apostólica Salvifici doloris— no puede ser transformado y cambiado con una gracia exterior sino interior... Pero este proceso interior no se desarrolla siempre de igual manera ... Cristo no responde directamente ni en abstracto a esta pregunta humana sobre el sentido del sufrimiento. El hombre percibe su respuesta salvífica a medida que el mismo se convierte en partícipe de los sufrimientos de Cristo. La respuesta que llega mediante esta participación es... una llamada: «Sígueme», «Ven», toma parte con tu sufrimiento en esta obra de salvación del mundo, que se realiza a través de mi sufrimiento. Por medio de mi cruz» (n. 26).

Este es el verdadero sentido y el valor del sufrimiento, de los dolores corporales, morales y espirituales. Esta es la Buena Noticia que les quiero comunicar. A la pregunta humana, el Señor responde con un llamado, con una vocación especial que, como tal, tiene su base en el amor. Cristo no llega hasta nosotros con explicaciones y razones para tranquilizarnos o para alienarnos. Más bien viene a decirnos: Vengan conmigo. Síganme en el camino de la cruz. « Todo el que quiera seguirme, niéguese a sí mismo, cargue con su cruz y sígame» (Lc 9, 23). Jesucristo ha tomado la delantera en el camino de la cruz; Él ha sufrido primero. No nos empuja al sufrimiento, sino que lo comparte con nosotros y quiere que tengamos vida y la tengamos en abundancia (cf. Jn 10,10).

El sufrimiento se transforma cuando experimentamos en nosotros la cercanía y la solidaridad del Dios vivo: «Yo sé que mi redentor vive, y al fin... yo veré a Dios» (Jb 19, 25.26). Con esa certeza se adquiere la paz interior. De la alegría espiritual, sosegada y profunda que brota del «Evangelio del sufrimiento» se adquiere la conciencia de la grandeza y dignidad del hombre que sufre generosamente y ofrece su dolor «como hostia viva, consagrada y agradable a Dios» (Rm 12,1). Así, el que sufre ya no es una carga para los otros, sino que contribuye a la salvación de los demás con su sufrimiento.

El sufrimiento no es sólo de carácter físico, como puede ser la enfermedad. Existe también el sufrimiento del alma, como el que padecen los segregados, los perseguidos, los encarcelados por diversos delitos o por razones de conciencia, por ideas pacíficas aunque discordantes. Estos últimos sufren un aislamiento y una pena por la que su conciencia no los condena, mientras desean incorporarse a la vida activa en espacios donde puedan expresar y proponer sus opiniones con respeto y tolerancia. Aliento a promover esfuerzos en vista de la reinserción social de la población penitenciaria. Esto es un gesto de alta humanidad y es una semilla de reconciliación, que honra a la autoridad que la promueve y fortalece también la convivencia pacífica en el País. A todos los presos, y a sus familias que sufren la separación y anhelan su reencuentro, les mando mi cordial saludo, animándolos a no dejarse vencer por el pesimismo o el desaliento.

Queridos hermanos: los cubanos necesitan de la fuerza interior, de la paz profunda y de la alegría que brota del «Evangelio del sufrimiento». Ofrézcanlo de modo generoso para que Cuba «vea a Dios cara a cara», es decir, para que camine a la luz de su Rostro hacia el Reino eterno y universal y cada cubano, desde lo más profundo de su ser, pueda decir: «Yo sé que mi Redentor vive» (Jb19, 25). Ese Redentor no es otro que Jesucristo, Nuestro Señor.

La dimensión cristiana del sufrimiento no se reduce sólo a su significado profundo y a su carácter redentor. El dolor llama al amor, es decir, ha de generar solidaridad, entrega, generosidad en los que sufren y en los que se sienten llamados a acompañarlos y ayudarlos en sus penas. La parábola del Buen Samaritano (cf. Lc 10, 29ss), que nos presenta el Evangelio de la solidaridad con el prójimo que sufre, «se ha convertido en uno de los elementos esenciales de la cultura moral y de la civilización universalmente humana» (Salvifici doloris, 29). En efecto, en esta parábola Jesús nos enseña que el prójimo es todo aquel que encontramos en nuestro camino, herido y necesitado de socorro, al que se ha de ayudar en los males que le afligen, con los medios adecuados, haciéndose cargo de él hasta su completo restablecimiento. La familia, la escuela, las demás instituciones educativas, aunque sólo sea por motivos humanitarios, deben trabajar con perseverancia para despertar y afinar esa sensibilidad hacia el prójimo y su sufrimiento, de la que es símbolo la foguea del samaritano. La elocuencia de la parábola del Buen Samaritano, como también la de todo el Evangelio, es concretamente esta: el hombre debe sentirse llamado personalmente a testimoniar el amor en el sufrimiento. Las instituciones son muy importantes e indispensables; sin embargo, ninguna institución puede de suyo sustituir al corazón humano, la compasión humana, el amor humano, la iniciativa humana, cuando se trata de salir al encuentro del sufrimiento ajeno« (Ibíd. 29).

Esto se refiere a los sufrimientos físicos, pero vale todavía más si se trata de los múltiples sufrimientos morales y del alma. Por eso cuando sufre una persona en su alma, o cuando sufre el alma de una nación, ese dolor debe convocar a la solidaridad, a la justicia, a la construcción de la civilización de la verdad y del amor. Un signo elocuente de esa voluntad de amor ante el dolor y la muerte, ante la cárcel o la soledad, ante las divisiones familiares forzadas o la emigración que separa a las familias, debe ser que cada organismo social cada institución pública, así como todas las personas que tienen responsabilidades en este campo de la salud de la atención a los necesitados y de la reeducación de los presos, respete y haga respetar los derechos de enfermos, los marginados, los detenidos y sus familiares, en definitiva, los derechos de todo hombre que sufre. En este sentido, la Pastoral sanitaria y la penitenciaria deben encontrar los espacios necesarios para realizar su misión al servicio de los enfermos, de los presos y de sus familias.

La indiferencia ante el sufrimiento humano, la pasividad ante las causas que provocan las penas del mundo, los remedios coyunturales que no conducen a sanar en profundidad las heridas de las personas y de pueblos, son faltas graves de omisión, ante las cuales todo hombre de buena voluntad debe convertirse y escuchar el grito de los que sufren.

Amados hermanos y hermanas: en los momentos duros de nuestra vida personal, familiar o social, palabras de Jesús nos ayudan en la prueba: «Padre mío, si es posible, que pase de mí este cáliz; sin embargo no se haga como yo quiero, sino como quieres Tú» (Mt 26,39). El pobre que sufre encuentra en la fe la fuerza de Cristo que le dice por boca de Pablo: «Te basta mi gracia» (2Co 12, 9). No se pierde ningún sufrimiento ningún, dolor cae en saco roto: Dios los recibe todos, como acogió el sacrificio de su Hijo, Jesucristo.

Al pie de la Cruz, con los brazos abiertos y el corazón traspasado, está nuestra Madre, la Virgen María, Nuestra Señora de los Dolores y de la

Esperanza, que nos recibe en su regazo maternal henchido de gracia, de piedad. Ella es camino seguro hacia Cristo, nuestra paz, nuestra vida, nuestra resurrección. María, Madre del que sufre, piedad del que muere, cálido consuelo para el desalentado: mira a tus hijos cubanos que pasan por la dura prueba del dolor y muéstrales a Jesús, fruto bendito de tu vientre. Amén.

Metropolitana Iglesia Catedral de La Habana

LA HABANA
Domingo 25 de enero de 1998
ACTOS Y MISA

Mensaje de Su Santidad en el encuentro ecuménico
25 de Enero de 1998

En este señalado día, me es muy grato recibirlos a Ustedes, representantes del Consejo de Iglesias de Cuba y de diversas confesiones cristianas, acompañados de algunos exponentes de la comunidad judía, que participa en el mismo Consejo como observadora. Los saludo a todos con gran afecto y les aseguro la alegría que me produce este encuentro con quienes compartimos la fe en el Dios vivo y verdadero. El ambiente propicio nos hace decir desde el principio: «Oh, qué bueno, qué dulce habitar los hermanos todos juntos» (Sal 132,1).

He venido a este país como mensajero de la esperanza y de la verdad, para dar aliento y confirmar en la fe a los Pastores y fieles de las diversas diócesis de esta Nación (cf. Lc 22,32), pero he deseado también que mi saludo llegara a todos los cubanos, como signo concreto del amor infinito de Dios para con todos los hombres. En esta visita a Cuba —como acostumbro a hacer en mis viajes apostólicos— no podía faltar este encuentro con ustedes, para compartir los afanes por la restauración de la unidad entre todos los cristianos y estrechar la colaboración para el progreso integral del pueblo cubano teniendo en cuenta los valores espirituales y trascendentes de la fe. Esto es posible gracias a la común esperanza en las promesas de salvación que Dios nos ha hecho y manifestado en Cristo Jesús, Salvador del género humano.

Hoy, fiesta de la conversión de San Pablo, el Apóstol Alcanzado por Cristo Jesús (Flp 3,12), que dedicó desde entonces sus energías a predicar el Evangelio a todas las naciones, termina la Semana de oración por la unidad de los cristianos, que este año hemos celebrado bajo el lema «El Espíritu viene en ayuda de nuestra debilidad» (Rm 8, 26). Con esta iniciativa, que comenzó hace ya muchos años y que ha adquirido una creciente importancia, no sólo se pretende llamar la atención de todos los cristianos sobre el valor del movimiento ecuménico, sino también subrayar de manera práctica e inequívoca los pilares sobre los que han de fundarse todas sus actividades.

Esta circunstancia me ofrece la oportunidad de reafirmar, en esta tierra sellada por la fe cristiana, el irrevocable compromiso de la Iglesia de no cejar en su aspiración a la plena unidad de los discípulos de Cristo, repitiendo constantemente con Él: Padre: que todos sean uno (Jn 17,21), y obedeciendo así a su voluntad. Esto no debe faltar en ningún rincón de la Iglesia, cualquiera que sea la situación sociológica en la que se encuentre. Es verdad que cada nación cuenta con su propia cultura e historia religiosa y que las actividades ecuménicas tienen, por eso, en los diversos lugares, características distintas y peculiares, pero por encima de todo es muy importante que las relaciones entre todos los que comparten su fe en Dios sean siempre fraternas. Ninguna contingencia histórica, ni condicionamiento ideológico o cultural deberían entorpecer esas relaciones, cuyo centro y fin ha de ser únicamente el servicio a la unidad querida por Jesucristo.

Somos conscientes de que el retorno a una comunión plena exige amor, valentía y esperanza, las cuales surgen de la oración perseverante, que es la fuente de todo compromiso verdaderamente inspirado por el Señor. Por medio de la oración se favorece la purificación de los corazones y la conversión interior, necesarias para reconocer la acción del Espíritu Santo como guía de las personas, de la Iglesia y de la historia, a la vez que se fomenta la concordia que transforma nuestras voluntades y las hace dóciles a sus inspiraciones. De este modo se cultiva también una fe cada vez más viva. Es el Espíritu quien ha guiado el movimiento ecuménico y al mismo Espíritu han de atribuirse los notables progresos alcanzados, superando aquellos tiempos en que las relaciones entre las comunidades estaban marcadas por una indiferencia mutua, que en algunos lugares derivaba incluso en abierta hostilidad.

La intensa dedicación a la causa de la unidad de todos los cristianos es uno de los signos de esperanza presentes en este final de siglo (cf. Tertio millennio adveniente, 46). Ello es aplicable también a los cristianos de Cuba, llamados no sólo a proseguir el diálogo con espíritu de respeto, sino a colaborar de mutuo acuerdo en proyectos comunes que ayuden a toda la población a progresar en la paz y crecer en los valores esenciales del Evangelio, que dignifican la persona humana y hacen más justa y solidaria la convivencia. Todos estamos llamados a mantener un cotidiano dialogo de la caridad que fructificará en el diálogo de la verdad, ofreciendo a la sociedad cubana la imagen auténtica de Cristo, y favoreciendo el conocimiento de su misión redentora por la salvación de todos los hombres.

Quiero dirigir también un saludo particular a la Comunidad judía aquí representada. Su presencia es prueba elocuente del diálogo fraterno orientado a un mejor conocimiento entre judíos y cristianos, que por parte de los católicos ha sido promovido por el Concilio Vaticano II y continúa difundiéndose cada vez más. Con Ustedes compartimos un patrimonio espiritual común, que hunde sus raíces en las Sagradas Escrituras. Que Dios, Creador y Salvador, sostenga los esfuerzos que se emprenden para caminar juntos. Que alentados por la Palabra divina progresemos en el culto y en el amor ferviente a Él, y que ello se prolongue en una acción eficaz en favor de cada hombre.

Para concluir, quiero agradecerles su presencia en este encuentro, a la vez que pido a Dios que bendiga a cada uno de Ustedes y a sus Comunidades; que los guarde en sus caminos para anunciar su Nombre a los hermanos; les haga ver su rostro en medio de la sociedad a la cual sirven y les conceda la paz en todas sus actividades.

La Habana, 25 de enero de 1998, Fiesta de la Conversión de San Pablo.

Ioannes Paulus II

Saludo al Santo Padre pronunciado por el Emmo. Sr. Cardenal Jaime Ortega antes de comenzar la Santa Misa en la Arquidiócesis de La Habana
25 de Enero de 1998[7]

Querido Santo Padre:

De nuevo el pueblo de La Habana y de las provincia vecinas, como lo hiciera hace pocos días al darle su bienvenida a Cuba, se congrega en torno al Sucesor de Pedro. En esta ocasión para participar en una Eucaristía de Domingo que será inolvidable, porque está hoy con nosotros y preside la celebración quien hace presente a Cristo el Buen Pastor ante la Iglesia Universal: el Papa Juan Pablo II. Es grande el privilegio de acoger la Palabra de Dios que su Santidad ha venido a anunciar a los pobres, a los que sufren, trayendo a los corazones angustiados la liberación que sólo Cristo puede ofrecer.

Es conmovedor que aquí, en esta plaza, testigo excepcional de nuestra historia más reciente, sea elevado en sus manos, entre cielo y tierra, ofrecido por nuestra nación y por cada uno de quienes la integran, el Cristo de la Cruz, con su cuerpo entregado por nosotros y su sangre derramada por nosotros y por la multitud. Es la misma Misa de todos los días, es en verdad el día el que es excepcional.

Desde ahora sentimos que será imposible a los que estamos aquí no amarnos como hermanos, no perdonar nuestras ofensas recíprocas, no olvidar agravios, no abrirnos a la verdad dicha con sinceridad, no poner por obra todo lo justo, bueno y noble que pueda traer la reconciliación entre todos los cubanos y la paz y la felicidad a nuestro pueblo.

---

[7] Jaime Ortega Alamino nació en Jagüey Grande en la provincia de Matanzas, Cuba, el 18 de octubre de 1936. Ingresó en el seminario diocesano de San Alberto Magno de Quebec, Canadá, en el año 1956. Regresó a Cuba y fue ordenado sacerdote el 2 de agosto de 1964. En 1969 fue nombrado párroco en la iglesia catedral de Matanzas siendo también profesor del seminario San Carlos y San Ambrosio. Fue nombrado obispo de Pinar del Río en 1978 y en 1981 promovido como arzobispo de La Habana. En 1994 fue nombrado Cardenal de Cuba. (*Episcopologio* del P. R. Lebroc).

Beatísimo Padre, esta es la disponibilidad de nuestros corazones para acoger el mensaje que su Santidad nos trae. Tenga la seguridad que es este el sentir del Obispo de esta Arquidiócesis, de los Obispos auxiliares, de las personas consagradas a Dios en el Sacerdocio y en la vida religiosa, de los diáconos, del pueblo fiel y estoy seguro que de cuantos se han congregado hoy aquí, pues todos saben que su largo viaje hasta Cuba, su presencia entre nosotros, su vitalidad incansable en estos días, son fruto de ese amor a los cubanos, que lleva Su Santidad en su corazón de Padre y Pastor. Y nadie acude a una cita dictada por el amor con ningún otro sentimiento que no sea al menos, el de la benevolencia y de la docilidad. Nuestros corazones están dispuestos, nuestros sentidos atentos.

Enséñanos, Padre, el camino de la Verdad, descúbrenos nuestros errores, aviva nuestra fe, alienta la esperanza de este pueblo de la Arquidiócesis de la Habana y de su Diócesis sufragáneas de Pinar del Río y Matanzas.

Como en la lectura Evangélica de este día, todos los ojos están fijos en ti, pero son los ojos del alma los que aguardan ver la Salvación de Dios que hoy le será anunciada por el Obispo de Roma que visita esta porción de la Iglesia que vive en Cuba, como mensajero de verdad y de esperanza. Recibe, querido Padre y Pastor, el homenaje del amor filial de este pueblo que tanto te ha esperado y te acoge con devoción.

HOMILÍA DEL PAPA EN LA MISA CELEBRADA EN LA PLAZA JOSÉ MARTÍ DE LA HABANA EL DOMINGO 25 DE ENERO DE 1998

«Hoy es un día consagrado a nuestro Dios: no hagan duelo ni lloren». Con gran gozo presido la Santa Misa en esta Plaza de José Martí, en el domingo, día del Señor, que debe ser dedicado al descanso, a la oración y a la convivencia familiar.

Como servidor del Evangelio les traigo este mensaje de amor y solidaridad que Jesucristo, con su venida, ofrece a los hombres de todos los tiempos. No se trata en absoluto de una ideología ni de un sistema económico o político nuevo, sino de un camino de paz, justicia y libertad verdaderas.

Los sistemas ideológicos y económicos que se han ido sucediendo en los dos últimos siglos con frecuencia han potenciado el enfrentamiento como método, ya que contenían en sus programas los gérmenes de la oposición y la desunión. Esto condicionó profundamente su concepción del hombre y sus relaciones con los demás. Algunos de esos sistemas han pretendido también reducir la relación a la esfera meramente individual, despojándola de todo influjo o relevancia social. En este sentido, cabe recordar que un Estado moderno no puede hacer del ateísmo o de la religión uno de sus ordenamientos políticos. El Estado, lejos de todo fanatismo o secularismo extremo, debe promover un sereno clima social y una legislación adecuada que permita a cada persona y a cada confesión religiosa vivir libremente su fe, expresarla en los ámbitos de la vida pública y contar con los medios y espacios suficientes para aportar a la vida nacional sus riquezas espirituales, morales y cívica.

Por otro lado, resurge en varios lugares una forma de neoliberalismo capitalista que subordina la persona humana y condiciona el desarrollo de los pueblos a las fuerzas ciegas del mercado, gravando desde sus centros de poder a los países menos favorecidos con cargas insoportables. Así, en ocasiones, se imponen a las naciones, como condiciones para recibir nuevas ayudas, programas económicos insostenibles. De este modo se asiste en el concierto de las naciones al enriquecimiento exagerado de unos pocos a costa del empobrecimiento creciente de muchos, de forma que los ricos son cada vez más ricos y los pobres cada vez más pobres.

Queridos hermanos: la Iglesia es maestra en humanidad. Por eso, frente a estos sistemas, presenta la cultura del amor y de la vida, devolviendo a la humanidad la esperanza en el poder transformador del amor vivido en la unidad querida por Cristo. Para ello hay que recorrer un camino de reconciliación, de diálogo y de acogida fraterna del prójimo, de todo prójimo.

«El Espíritu del Señor me ha enviado para anunciar a los cautivos la libertad... para dar libertad a los oprimidos». La buena noticia de Jesús va acompañada de un anuncio de libertad, apoyada sobre el sólido fundamento de la verdad. La verdad a la que se refiere Jesús no es sólo la comprensión intelectual de la realidad, sino la verdad sobre el hombre y su condición trascendente, sobre sus derechos y deberes, sobre su grandeza y sus límites. Es la misma verdad que Jesús proclamó con su vida, reafirmó ante Pilatos y, con su silencio, ante Herodes; es la misma que lo llevó a la cruz salvadora y a su resurrección gloriosa.

La libertad que no se funda en la verdad condiciona de tal forma al hombre que algunas veces lo hace objeto y no sujeto de su entorno social, cultural, económico y político, dejándolo casi sin ninguna iniciativa para su desarrollo personal. Otras veces esa libertad es de talante individualista y, al no tener en cuenta la libertad de los demás, encierra al hombre en su egoísmo. La conquista de la libertad en la responsabilidad es una tarea imprescindible para toda persona. Para los cristianos, la libertad de los hijos de Dios no es solamente un don y una tarea, sino que alcanzarla supone un inapreciable testimonio y un genuino aporte en el camino de la liberación de todo el género humano. Esa liberación no se reduce a los aspectos sociales y políticos, sino que encuentra su plenitud en el ejercicio de la libertad de conciencia, base y fundamento de los otros derechos humanos.

Para muchos de los sistemas políticos y económicos hoy vigentes el mayor desafío sigue siendo el conjugar libertad y justicia social, libertad y solidaridad, sin que ninguna quede relegada a un plano inferior. En este sentido, la doctrina social de la Iglesia es un esfuerzo de reflexión y propuesta que trata de iluminar y conciliar las relaciones entre los derechos inalienables de cada hombre y las exigencias sociales, de modo que la persona alcance sus aspiraciones más profundas y su realización integral, según su condición de hijo de Dios y de ciudadano. Por lo cual, el laicado católico debe contribuir a esta realización mediante la aplicación de las enseñanzas sociales de la Iglesia en los diversos ambientes, abiertos a todos los hombres de buena voluntad.

En el evangelio proclamado hoy aparece la justicia íntimamente ligada a la verdad. Así se ve también en el pensamiento lúcido de los padres de la Patria. El siervo de Dios Padre Félix Varela, animado por su fe cristiana y su fidelidad al ministerio sacerdotal, sembró en el corazón del pueblo cubano las semillas de la justicia y la libertad que él soñaba ver florecer en una Cuba libre e independiente.

La doctrina de José Martí sobre el amor entre todos los hombres tiene raíces hondamente evangélicas, superando así el falso conflicto entre la fe en Dios y el amor y servicio a la Patria. Escribe este prócer: «Pura, desinteresada, perseguida, martirizada, poética y sencilla, la religión del Nazareno sedujo a todos los hombres honrados... Todo pueblo necesita ser religioso. No sólo lo es esencialmente, sino que por su propia utilidad debe serlo... Un pueblo irreligioso morirá, porque nada en él alimenta la virtud. Las injusticias humanas disgustan de ella; es necesario que la justicia celeste la garantice».

Como saben, Cuba tiene un alma cristiana y eso la ha llevado a tener una vocación universal. Llamada a vencer el aislamiento, ha de abrirse al mundo y el mundo debe acercarse a Cuba, a su pueblo, a sus hijos, que son sin duda su mayor riqueza. ¡Esta es la hora de emprender los nuevos caminos que exigen los tiempos de renovación que vivimos, al acercarse el Tercer milenio de la era cristiana!

Ángelus

Queridos hermanos y hermanas:

Después de haber celebrado la Santa Misa en esta plaza, testigo de los grandes acontecimientos de la historia cubana y de la vida cotidiana de las gentes de esta hermosa ciudad de La Habana, que ha merecido el nombre de Llave del Nuevo Mundo, dirijo a todos mi más cordial y afectuoso saludo, cuando nos disponemos a rezar el Ángelus, la plegaria en honor de Nuestra Señora.

Hoy se concluye la Semana de oración por la unidad de los cristianos. El deseo de alcanzar la plena comunión entre todos los creyentes en Cristo acompaña constantemente el camino de la Iglesia y se hace aún más urgente en este año dedicado al Espíritu Santo como preparación al Gran Jubileo del 2000. La concordia y la unidad, objeto de la esperanza de la Iglesia y también de la humanidad, están aún lejanas; sin embargo, constituyen un don del Espíritu Santo que hay que pedir incansablemente.

La Virgen de la Caridad del Cobre, Madre y Reina de Cuba, acompaña a cada uno de sus hijos de esta tierra con su presencia materna. A Ella que ha visitado a todas las diócesis y parroquias, le confío los anhelos y esperanzas de de este noble pueblo. Que anime y proteja la labor de la nueva evangelización en esta Isla, para que los cristianos vivan su fe con coherencia y fervor, y la recobren quienes la han perdido.

¡Virgen María, Madre de los hombres y de los pueblos! al regresar a Roma, junto al sepulcro de san Pedro, te encomiendo de nuevo a tus hijos e hijas de Cuba! ¡Marcho confiado sabiendo que quedan en tus regazo maternal! Con el mismo amor y solicitud con que visitaste a santa Isabel (cf. Mt 1,39-41), te pido que les muestres a «Jesús, fruto bendito de tu vientre». Míralos constantemente con tus ojos misericordiosos y, por tu intercesión ante el divino Redentor, cúralos de sus sufrimientos, líbralos de todo mal y llénalos de tu amor.

Palabras de Su Santidad durante la reunión con la Conferencia de Obispos Católicos de Cuba, el domingo 25 de enero, en la Nunciatura Apostólica en La Habana:

Queridos Hermanos en el Episcopado:

Siento una gran alegría al poder estar con Ustedes, Obispos de la Iglesia católica en Cuba, en estos momentos de serena reflexión y encuentro fraterno, compartiendo las gozos y esperanzas, los anhelos y aspiraciones de esta porción del Pueblo de Dios que peregrina en estas tierras. He podido visitar cuatro de las diócesis del País, aunque de corazón he estado en todas ellas. En estos días he comprobado la vitalidad de las comunidades eclesiales, su capacidad de convocatoria, fruto también de la credibilidad que ha alcanzado la Iglesia con su testimonio perseverante y su palabra oportuna. Las limitaciones de años pasados la empobrecieron en medios y agentes de pastoral, pero esas mismas pruebas la han enriquecido, impulsándola a la creatividad y al sacrificio en el desempeño de su servicio.

Doy gracias a Dios porque la cruz ha sido fecunda en esta tierra, pues de la Cruz de Cristo brota la esperanza que no defrauda, sino que da fruto abundante. Durante mucho tiempo la fe en Cuba ha estado sometida a diversas pruebas, que han sido sobrellevadas con ánimo firme y solícita caridad, sabiendo que con esfuerzo y entrega se recorre el camino de la cruz, siguiendo las huellas de Cristo, que nunca olvida a su pueblo. En esta hora de la historia nos alegramos, no porque la cosecha esté concluida, sino porque, alzando los ojos, podemos contemplar los frutos de evangelización que crecen en Cuba.

Hace poco más de cinco siglos la Cruz de Cristo fue plantada en estas bellas y fecundas tierras, de modo que su luz, que brilla en medio de las tinieblas, hizo posible que la fe católica y apostólica arraigara en ellas. En efecto, esta fe forma realmente parte de la identidad y cultura cubanas. Ello impulsa a muchos ciudadanos a reconocer a la Iglesia como a su Madre, la cual, desde su misión espiritual y mediante el mensaje evangélico y su doctrina social, promueve el desarrollo integral de las personas y la convivencia humana, basada en los principios éticos y en los auténticos valores morales. Las circunstancias para la acción de la Iglesia han ido cambiando progresivamente, y esto inspira esperanza creciente para el futuro. Hay, sin embargo, algunas concepciones reduccionistas, que intentan situar a la Iglesia católica al mismo nivel de ciertas manifestaciones culturales de religiosidad, al modo de los cultos sincretistas que, aunque merecedores de respeto, no pueden ser considerados como una religión propiamente dicha sino como un conjunto de tradiciones y creencias.

Muchas son las expectativas y grande es la confianza que el pueblo cubano ha depositado en la Iglesia, como he podido comprobar durante estos días. Es verdad que algunas de estas expectativas sobrepasan la misión misma de la Iglesia, pero es también cierto que todas deben ser escuchadas, en la medida de lo posible, por la comunidad eclesial. Ustedes, queridos Hermanos, permaneciendo al lado de todos, son testigos privilegiados de esa esperanza del pueblo, muchos de cuyos miembros creen verdaderamente en Cristo, Hijo de Dios, y creen en su Iglesia, que ha permanecido fiel aun en medio de no pocas dificultades.

Como Pastores sé cuánto les preocupa que la Iglesia en Cuba se vea cada vez más desbordada y apremiada por quienes, en número creciente, solicitan sus más variados servicios. Sé que Ustedes no pueden dejar de responder a esos apremios ni dejar de buscar los medios que les permitan hacerlo con eficacia y solícita caridad. Ello no los mueve a exigir para la Iglesia una posición hegemónica o excluyente, sino a reclamar el lugar que por derecho le corresponde en el entramado social donde se desarrolla la vida del pueblo, contando con los espacios necesarios y suficientes para servir a sus hermanos. Busquen estos espacios de forma insistente, no con el fin de alcanzar un poder —lo cual es ajeno a su misión—, sino para acrecentar su capacidad de servicio. Y en este empeño, con espíritu ecuménico, procuren la sana cooperación de las demás confesiones cristianas, y mantengan, tratando de incrementar su extensión y profundidad, un diálogo franco con las instituciones del Estado y las organizaciones autónomas de la sociedad civil.

La Iglesia recibió de su divino Fundador la misión de conducir a los hombres a dar culto al Dios vivo y verdadero, cantando sus alabanzas y proclamando sus maravillas, confesando que hay «un solo Señor, una sola fe, un solo bautismo, un solo Dios y Padre de todos» (Ef 4,5). Pero el sacrificio agradable a Dios es —como dice el profeta Isaías— «abrir las prisiones injustas, hacer saltar los cerrojos de los cepos, dejar libres a los oprimidos... partir tu pan con el hambriento, hospedar a los pobres sin techo, vestir al que ves desnudo... Entonces nacerá una luz como la aurora y tus heridas sanarán rápidamente; delante de ti te abrirá camino la justicia y detrás irá la gloria de Dios» (58, 7-8). En efecto, la misión cultual, profética y caritativa de la Iglesia están estrechamente unidas, pues la palabra profética en defensa del oprimido y el servicio caritativo dan autenticidad y coherencia al culto.

El respeto de la libertad religiosa debe garantizar los espacios, obras y medios para llevar a cabo estas tres dimensiones de la misión de la Iglesia, de modo que, además del culto, la Iglesia pueda dedicarse al anuncio del Evangelio, a la defensa de la justicia y de la paz, al mismo tiempo que promueve el desarrollo integral de las personas. Ninguna de estas dimensiones debe verse restringida, pues ninguna es excluyente de las demás ni debe ser privilegiada a costa de las otras.

Cuando la Iglesia reclama la libertad religiosa no solicita una dádiva, un privilegio, una licencia que depende de situaciones contingentes, de estrategias políticas o de la voluntad de las autoridades, sino que está pidiendo el reconocimiento efectivo de un derecho inalienable. Este derecho no puede estar condicionado por el comportamiento de Pastores y fieles, ni por la renuncia al ejercicio de alguna de las dimensiones de su misión, ni menos aún, por razones ideológicas o económicas: no se trata sólo de un derecho de la Iglesia como institución, se trata además de un derecho de cada persona y de cada pueblo. Todos los hombres y todos los pueblos se verán enriquecidos en su dimensión espiritual en la medida en que la libertad religiosa sea reconocida y practicada.

Además, como ya tuve ocasión de afirmar: «La libertad religiosa es un factor importante para reforzar la cohesión moral de un pueblo. La sociedad civil puede contar con los creyentes que, por sus profundas convicciones, no sólo no se dejarán dominar fácilmente por ideologías o corrientes totalizadoras, sino que se esforzarán por actuar de acuerdo con sus aspiraciones hacia todo lo que es verdadero y justo» (Mensaje para la Jornada Mundial de la Paz 1988, 3).

Por eso, queridos Hermanos, pongan todo su empeño en promover cuanto pueda favorecer la dignidad y el progresivo perfeccionamiento del ser humano, que es el primer camino que la Iglesia debe recorrer en el cumplimiento de su misión (cf. Redemptor hominis, 14). Ustedes, queridos Obispos de Cuba, han predicado la verdad sobre el hombre, que pertenece al núcleo fundamental de la fe cristiana y está indisolublemente unida a la verdad sobre Cristo y sobre la Iglesia. De muchas maneras han sabido dar un testimonio coherente de Cristo. Cada vez que han sostenido que la dignidad del hombre está por encima de toda estructura social, económica o política, han anunciado una verdad moral que eleva al hombre y lo conduce, por los inescrutables caminos de Dios, al encuentro con Jesucristo Salvador. Es al hombre a quien debemos servir con libertad en nombre de Cristo, sin que este servicio se vea obstaculizado por las coyunturas históricas o incluso, en ciertas ocasiones, por la arbitrariedad o el desorden.

Cuando se invierte la escala de valores y la política, la economía y toda la acción social, en vez de ponerse al servicio de la persona, la consideran como un medio en lugar de respetarla como centro y fin de todo quehacer, se causa un daño en su existencia y en su dimensión trascendente. El ser humano pasa a ser entonces un simple consumidor, con un sentido de la libertad muy individualista y reductivo, o un simple productor con muy poco espacio para sus libertades civiles y políticas. Ninguno de estos modelos socio-políticos favorece un clima de apertura a la trascendencia de la persona que busca libremente a Dios.

Los animo, pues, a continuar en su servicio de defensa y promoción de la dignidad humana, predicando con perseverante empeño que «realmente, el misterio del hombre sólo se esclarece en el misterio del Verbo encarnado. Pues... Cristo, el nuevo Adán, en la misma revelación del misterio del Padre y de su amor, manifiesta plenamente el hombre al propio hombre y le descubre la grandeza de su vocación» (Gaudium et spes , 22). Esto forma parte de la misión de la Iglesia, que «no puede permanecer insensible a todo lo que sirve al verdadero bien del hombre, como tampoco puede permanecer indiferente a lo que lo amenaza» (Redemptor hominis, 14).

Conozco bien su sensibilidad de Pastores, que los impulsa a afrontar con caridad pastoral las situaciones en las que se ve amenazada la vida humana y su dignidad. Luchen siempre por crear entre sus fieles y en todo el pueblo cubano el aprecio por la vida desde el seno materno, que excluye siempre el recurso al aborto, acto criminal. Trabajen por la promoción y defensa de la familia, proclamando la santidad e indisolubilidad del matrimonio cristiano frente a los males del divorcio y la separación, que son fuente de tantos sufrimientos. Sostengan con caridad pastoral a los jóvenes, que anhelan mejores condiciones para desarrollar su proyecto de vida personal y social basado en los auténticos valores. A este sector de la población hay que cuidarlo con esmero, facilitándole una adecuada formación catequética, moral y cívica que complete en los jóvenes el necesario «suplemento del alma» que les permita remediar la pérdida de valores y de sentido en sus vidas con una sólida educación humana y cristiana.

Con los sacerdotes —sus primeros y predilectos colaboradores— y los religiosos y religiosas que trabajan en Cuba, sigan desarrollando la misión de llevar la Buena Nueva de Jesucristo a los que experimentan sed de amor, de verdad y de justicia. A los seminaristas acójanlos con confianza, ayudándolos a adquirir una sólida formación intelectual, humana y espiritual, que les permita configurarse con Cristo, Buen Pastor, y a amar a la Iglesia y al pueblo, al que deberán servir como ministros con generosidad y entusiasmo el día de mañana; que sean ellos los primeros en beneficiarse de este espíritu misionero.

Animen a los fieles laicos a vivir su vocación con valentía y perseverancia, estando presentes en todos los sectores de la vida social, dando testimonio de la verdad sobre Cristo y sobre el hombre; buscando, en unión con las demás personas de buena voluntad, soluciones a los diversos problemas morales, sociales, políticos, económicos, culturales y espirituales que debe afrontar la sociedad; participando con eficacia y humildad en los esfuerzos para superar las situaciones a veces críticas que conciernen a todos, a fin de que la Nación alcance condiciones de vida cada vez más humanas. Los fieles católicos, al igual que los demás ciudadanos, tienen el deber y el derecho de contribuir al progreso del País. El diálogo cívico y la participación responsable pueden abrir nuevos cauces a la acción del laicado, y es de desear que los laicos comprometidos continúen preparándose con el estudio y la aplicación de la Doctrina Social de la Iglesia para iluminar con ella todos los ambientes.

Sé que su atención pastoral no ha descuidado a quienes, por diversas circunstancias, han salido de la Patria pero se sienten hijos de Cuba. En la medida en que se consideran cubanos, éstos deben colaborar también, con serenidad y espíritu constructivo y respetuoso, al progreso de la Nación, evitando confrontaciones inútiles y fomentando un clima de positivo diálogo y recíproco entendimiento. Ayúdenles, desde la predicación de los altos valores del espíritu, con la colaboración de otros Episcopados, a ser promotores de paz y concordia, de reconciliación y esperanza, a hacer efectiva la solidaridad generosa con sus hermanos cubanos más necesitados, demostrando también así una profunda vinculación con su tierra de origen.

Espero que en su acción pastoral los Obispos católicos de Cuba lleguen a alcanzar un acceso progresivo a los medios modernos adecuados para llevar a cabo su misión evangelizadora y educadora. Un estado laico no debe temer, sino más bien apreciar, el aporte moral y formativo de la Iglesia. En este contexto es normal que la Iglesia tenga acceso a Cuba lleguen a alcanzar un acceso progresivo a los medios modernos adecuados para llevar a cabo su misión evangelizadora y educadora. Un estado laico no debe temer, sino más bien apreciar, el aporte moral y formativo de la Iglesia. En este contexto es normal que la Iglesia tenga acceso a los medios de comunicación social: radio, prensa y televisión, y que pueda contar con sus propios recursos en estos campos para realizar el anuncio del Dios vivo y verdadero a todos los hombres. En esta labor evangelizadora deben ser consolidadas y enriquecidas las publicaciones católicas que puedan servir más eficazmente al anuncio de la verdad, no sólo a los hijos de la Iglesia sino también a todo el pueblo cubano.

Mi visita pastoral tiene lugar en un momento muy especial para la vida de toda la Iglesia, como es la preparación al Gran Jubileo del Año 2000. Como Pastores de esta porción del Pueblo de Dios que peregrina en Cuba, Ustedes participan de este espíritu y mediante el Plan de Pastoral Global alientan a todas las comunidades a vivir «la nueva primavera de vida cristiana que deberá manifestar el Gran Jubileo, si los cristianos son dóciles a la acción del Espíritu Santo» (Tertio millennio adveniente, 18). Que este mismo Plan dé continuidad a los contenidos de mi visita y a la experiencia de Iglesia encarnada, participativa y profética que quiere ponerse al servicio de la promoción integral del hombre cubano. Esto requiere una adecuada formación que —como Ustedes han augurado— «restaure al hombre como persona en sus valores humanos, éticos, cívicos y religiosos y lo capacite para realizar su misión en la Iglesia y en la sociedad» (II ENEC, Memoria, p. 38), para lo cual es necesaria «la creación y renovación de las diócesis, parroquias y pequeñas comunidades que propicien la participación y corresponsabilidad y vivan, en la solidaridad y el servicio, su misión evangelizadora» (Ibíd.).

Queridos Hermanos, al final de estas reflexiones quiero asegurarles que regreso a Roma con mucha esperanza en el futuro, viendo la vitalidad de esta Iglesia local. Soy consciente de la magnitud de los desafíos que tienen por delante, pero también del buen espíritu que les anima y de su capacidad para afrontarlos. Confiado en ello, les aliento a seguir siendo «ministros de la reconciliación» (2Co 5, 18), para que el pueblo que les ha sido encomendado, superando las dificultades del pasado, avance por los caminos de la reconciliación entre todos los cubanos sin excepción. Ustedes saben bien que el perdón no es incompatible con la justicia y que el futuro del País se debe construir en la paz, que es fruto de la misma justicia y del perdón ofrecido y recibido.

Prosigan como «mensajeros que anuncian la paz» (Is 52,7) para que se consolide una convivencia justa y digna, en la que todos encuentren un clima de tolerancia y respeto recíproco. Como colaboradores del Señor, Ustedes son el campo de Dios, la edificación de Dios (cf. 1Co 3,9) para que los fieles encuentren en Ustedes auténticos maestros de la verdad y guías solícitos de su pueblo, empeñados en alcanzar su bien material, moral y espiritual, teniendo en cuenta la exhortación del Apóstol San Pablo: «(Mire cada cual cómo construye! Pues nadie puede poner otro cimiento que el ya puesto, Jesucristo» (1Co 3, 10-11).

Con la mirada fija, pues, en nuestro Salvador, que «es el mismo ayer, hoy y siempre» (Hb 13, 8), y poniendo todos los anhelos y esperanzas en la Madre de Cristo y de la Iglesia, aquí venerada con el dulcísimo título de Nuestra Señora de la Caridad del Cobre, como prueba de afecto y signo de la gracia que les acompaña en su ministerio, les imparto de corazón la Bendición Apostólica.

La Habana, 25 de enero de 1998.

Ioannes Paulus II

Encuentro con el Clero, Religiosos, Religiosas, Seminaristas y Laicos comprometidos en la S.M.I. Catedral de La Habana 25 de Enero de 1998

Palabras de acogida del Emmo. Sr. Cardenal Jaime Ortega

Beatísimo Padre:

Con emoción lo acojo en esta Catedral Metropolitana de La Habana, que en su historia pluricentenaria ha vivido momentos inolvidables, pero ninguno como éste, cuando el Sucesor de Pedro, venido a confirmar a sus hermanos, proclama su mensaje de verdad y de esperanza a quienes son como el corazón de la Iglesia en Cuba: los sacerdotes, las personas consagradas a Dios en la vida religiosa o en otras formas de vida apostólica, los diáconos y sus familiares así como laicos representativos de muchos otros cuyo compromiso con Cristo y con su Iglesia, los acredita como verdaderos partícipes en esa única e insustituible misión de la Iglesia: anunciar a Jesucristo a nuestro pueblo.

Los obispos cubanos que hace pocas horas hemos tenido la dicha de acoger con gratitud sus palabras penetradas de amor y de sabiduría, hemos deseado que el último encuentro de Su Santidad con la Iglesia que está en Cuba, fuera significativo del estilo de esta Iglesia nuestra.

Están unidos aquí sacerdotes y laicos, religiosos y obispos, porque siempre esta Iglesia ha tenido como especial característica, que ha sido un don inapreciable del Señor, la unidad entre todos los que integran esta gran familia de los hijos de Dios que da testimonio en Cuba del amor indefectible de Jesucristo a los hombres.

Esta unidad en el amor nos ha ayudado a enfrentar las pruebas, a encontrar caminos novedosos para la acción pastoral, a permanecer firmes en las etapas difíciles.

Estos hombres y mujeres, servidores de Dios con vocaciones diversas, anhelaron sentir su presencia y esperaron y prepararon estos días intensos que hemos vivido, con mucha oración y con gran entusiasmo.

La celebración que ahora preside Su Santidad es para ellos un gran regalo del cielo, el gran momento de Dios en sus vidas. El recuerdo vivo de la presencia de Su Santidad entre nosotros nos afianzará en la unidad querida por Cristo y en la misión que él nos ha encomendado.

Gracias, Santo Padre, en nombre de estos servidores fieles y buenos. Esperamos con ansias sus palabras y pedimos su paternal bendición.

PALABRAS DE SU SANTIDAD

Amados Hermanos en el Episcopado y en el sacerdocio, amadísimos religiosos y religiosas, seminaristas y fieles:

Cuando faltan pocas horas para concluir esta Visita pastoral, me llena de alegría tener este encuentro con todos Ustedes, que representan a quienes, con gozo y esperanza, con cruces y sacrificios, tienen la apasionante tarea de la evangelización en esta tierra, caracterizada por una historia tan singular.

Agradezco las amables palabras que me ha dirigido el Señor Cardenal Jaime Lucas Ortega y Alamino, Arzobispo de La Habana, haciéndose portavoz de los sentimientos de afecto y estima que nutren Ustedes hacia el Sucesor del Apóstol Pedro, y quiero corresponder a ello renovándoles mi gran aprecio en el Señor, que extiendo a todos los hijos e hijas de esta Isla.

Nos congregamos en esta Catedral Metropolitana, dedicada a la Inmaculada Concepción, en el día en que la liturgia celebra la Conversión de San Pablo, quien, camino de Damasco, recibió la visita del Señor Resucitado y se convirtió de perseguidor de los cristianos en intrépido e infatigable apóstol de Jesucristo. Su ejemplo luminoso y sus enseñanzas deben servirles como guía para afrontar y vencer cada día los múltiples obstáculos en el desempeño de su misión, a fin de que no se debiliten las energías ni el entusiasmo por la extensión del Reino de Dios.

En la historia nacional son numerosos los pastores que, desde la inquebrantable fidelidad a Cristo y a su Iglesia, han acompañado al pueblo en todas las vicisitudes. El testimonio de su entrega generosa, sus palabras en el anuncio del Evangelio y la defensa de la dignidad y los derechos inalienables de las personas, así como la promoción del bien integral de la Nación, son un precioso patrimonio espiritual digno de ser conservado y enriquecido. Entre ellos, me he referido en estos días al Siervo de Dios Padre Félix Varela, fiel a su sacerdocio y activo promotor del bien común de todo el pueblo cubano. Recuerdo también al Siervo de Dios José Olallo, de la Orden Hospitalaria de San Juan de Dios, testigo de la misericordia, cuya vida ejemplar en el servicio a los más necesitados es un fecundo ejemplo de vida consagrada al Señor. Esperamos que sus procesos de canonización se concluyan pronto y puedan ser invocados por los fieles. Otros muchos cubanos, hombres y mujeres, han dado asimismo muestras de fe, de perseverancia en su misión, de consagración a la causa del Evangelio desde su condición sacerdotal, religiosa o laical.

Queridos sacerdotes: el Señor bendice abundantemente su entrega diaria al servicio de la Iglesia y del pueblo, incluso cuando surgen obstáculos y sinsabores. Por eso aprecio y agradezco su correspondencia a la gracia divina, que les llamó a ser pescadores de hombres (cf. Mc 1, 17), sin dejarse vencer por el cansancio o el desánimo producidos por el vasto campo de trabajo apostólico, debido al reducido número de sacerdotes y a las muchas necesidades pastorales de los fieles que abren su corazón al Evangelio, como se ha visto en la reciente misión preparatoria de mi Visita.

No pierdan la esperanza ante la falta de medios materiales para la misión, ni por la escasez de recursos, que hace sufrir a gran parte de este pueblo. Prosigan acogiendo la invitación del Señor a trabajar por el Reino de Dios y su justicia, que lo demás vendrá por añadidura (cf. Lc 12, 31). En cuanto depende de Ustedes, en estrecha unión con sus Obispos y como expresión de la viva comunión eclesial que ha caracterizado a esta Iglesia, continúen iluminando las conciencias en el desarrollo de los valores humanos, éticos y religiosos, cuya ausencia afecta a amplios sectores de la sociedad, especialmente a los jóvenes, que por eso son más vulnerables.

Los esperanzadores datos sobre el aumento de vocaciones sacerdotales y el ingreso en el País de nuevos misioneros, que deseamos ardientemente que se facilite, harán que la labor apostólica pueda ser más capilar, con el consiguiente beneficio para todos.

Conscientes de que «el auxilio nos viene del Señor» (Sal 120, 2), de que sólo Él es nuestro sostén y ayuda, los aliento a no dejar nunca la oración personal diaria y prolongada, configurándose cada vez más con Cristo, Buen Pastor, pues en Él se encuentran la fuerza principal y el verdadero descanso (cf. Mt 11,30). Así podrán afrontar con alegría el peso del «día y del calor» (cf. Mt 20, 12), y ofrecer el mejor testimonio para la promoción de las vocaciones sacerdotales y religiosas, que son tan necesarias.

El ministerio sacerdotal, además de la predicación de la Palabra de Dios y la celebración de los Sacramentos, que constituyen su misión profética y cultural, se extiende asimismo al servicio caritativo, de asistencia y promoción humana. Para ello cuenta también con el ministerio de los diáconos y la ayuda de los miembros de diversos institutos religiosos y asociaciones eclesiales. Quiera el Señor que puedan siempre recibir y distribuir con facilidad los recursos que tantas Iglesias hermanas desean compartir con Ustedes, así como encontrar los modos más apropiados para aliviar las necesidades de los hermanos, y que esta labor sea cada vez más comprendida y valorada.

Agradezco la presencia en esta tierra de personas consagradas de diversos Institutos. Desde hace varias décadas han tenido que vivir la propia vocación en situaciones muy particulares y, sin renunciar a lo específico de su carisma, han debido adaptarse a las circunstancias reinantes y responder a las necesidades pastorales de las diócesis. Les estoy agradecido también por el meritorio y reconocido trabajo pastoral y por el servicio prestado a Cristo en los pobres, los enfermos y los ancianos. Es de desear que en un futuro no lejano la Iglesia pueda asumir su papel en la enseñanza, tarea que los Institutos religiosos llevan a cabo en muchas partes del mundo con tanto empeño y con gran beneficio también para la sociedad civil.

De todos Ustedes la Iglesia espera el testimonio de una existencia transfigurada por la profesión de los consejos evangélicos (cf. Vita consecrata, 20) siendo testigos del amor a través de la castidad que agranda el corazón, de la pobreza que elimina las barreras y de la obediencia que construye comunión en la comunidad, en la Iglesia y en el mundo.

La fe del pueblo cubano, al que Ustedes sirven, ha sido fuente y savia de la cultura de esta Nación. Como consagrados, busquen y promuevan un genuino proceso de inculturación de la fe que facilite a todos el anuncio, acogida y vivencia del Evangelio.

Queridos seminaristas, novicios y novicias: anhelen una sólida formación humana y cristiana, en la que la vida espiritual ocupe un lugar preferencial. Así se prepararán mejor para desempeñar el apostolado que más adelante se les confíe. Miren con esperanza el futuro en el que tendrán especiales responsabilidades. Para ello, afiancen la fidelidad a Cristo y a su Evangelio, el amor a la Iglesia, la dedicación a su pueblo.

Los dos Seminarios, que ya van siendo insuficientes en su capacidad, han contribuido notablemente a la conciencia de la nacionalidad cubana. Que en esos insignes claustros se continúe fomentando la fecunda síntesis entre piedad y virtud, entre fe y cultura, entre amor a Cristo y a su Iglesia y amor al pueblo.

A los laicos aquí presentes, que representan a tantos otros, les agradezco su fidelidad cotidiana por mantener la llama de la fe en el seno de sus familias, venciendo así los obstáculos y trabajando con valor para encarnar el espíritu evangélico en la sociedad. Los invito a alimentar la fe mediante una formación continua, bíblica y catequética, lo cual los ayudará a perseverar en el testimonio de Cristo, perdonando las ofensas, ejerciendo el derecho a servir al pueblo desde su condición de creyentes católicos en todos los ámbitos ya abiertos, y esforzándose por lograr el acceso a los que todavía están cerrados. La tarea de un laicado católico comprometido es precisamente abrir los ambientes de la cultura, la economía, la política y los medios de comunicación social para trasmitir, a través de los mismos, la verdad y la esperanza sobre Cristo y el hombre. En este sentido, es de desear que las publicaciones católicas y otras iniciativas puedan disponer de los medios necesarios para servir mejor a toda la sociedad cubana. Los animo a proseguir en este camino, que es expresión de la vitalidad de los fieles y de su genuina vocación cristiana al servicio de la verdad y de Cuba.

Queridos hermanos: el pueblo cubano los necesita porque necesita a Dios, que es la razón fundamental de sus vidas. Formando parte de este pueblo, manifiéstenle que sólo Cristo es el Camino, la Verdad y la Vida, que sólo Él tiene palabras de vida eterna (cf. Jn 6, 68-69). El Papa está cerca de Ustedes, los acompaña con su oración y su afecto, y los encomienda a la protección maternal de la Santísima Virgen de la Caridad del Cobre, Madre de todos los cubanos. A Ella, Estrella de la nueva Evangelización, le confío el trabajo de todos Ustedes y el bienestar de esta querida Nación.

PALABRAS DE DESPEDIDA DE SU SANTIDAD, JUAN PABLO II
en el Aeropuerto Internacional José Martí.
Domingo 25 de enero de 1998:

Señor Presidente,
Señor Cardenal y Hermanos en el Episcopado,
Excelentísimas autoridades,
Amadísimos hermanos y hermanas de Cuba:

He vivido unas densas y emotivas jornadas con el pueblo de Dios que peregrina en las bellas tierras de Cuba, lo cual ha dejado en mí una profunda huella. Me llevo el recuerdo de los rostros de tantas personas que he encontrado a lo largo de estos días. Les estoy agradecido por su cordial hospitalidad, expresión genuina del alma cubana, y sobre todo por haber podido compartir con ustedes intensos momentos de oración y de reflexión en las celebraciones de la Santa Misa en Santa Clara, en Camagüey, en Santiago de Cuba y aquí en La Habana, en los encuentros con el mundo de la cultura y con el mundo del dolor, así como en la visita de hace apenas unas horas a la Catedral Metropolitana.

Pido a Dios que bendiga y recompense a todos los que han cooperado en la realización de esta visita, tanto tiempo deseada. Agradezco a usted, señor Presidente, y también a las demás autoridades de la nación, su presencia aquí, así como la cooperación brindada en el desarrollo de esta visita, en la que han participado tantas personas como ha sido posible, ya sea asistiendo a las celebraciones o siguiéndolas a través de los medios de comunicación social. Estoy muy reconocido a mis hermanos obispos de Cuba por los esfuerzos y la solicitud pastoral con que han preparado tanto mi visita como la misión popular que la ha precedido, cuyos frutos inmediatos se han puesto de manifiesto en la calurosa acogida dispensada, y que de alguna manera debe tener continuidad.

Como sucesor del apóstol Pedro y siguiendo el mandato del Señor he venido, como mensajero de la verdad y de la esperanza, a confirmarlos en la fe y dejarles un mensaje de paz y reconciliación en Cristo. Por eso, los aliento a seguir trabajando juntos, animados por los principios morales más elevados, para que el conocido dinamismo que distingue a este noble pueblo produzca abundantes frutos de bienestar y prosperidad espiritual y material en beneficio de todos.

Antes de abandonar esta capital, quiero decir un emocionado adiós a todos los hijos de este país; a los que habitan en las ciudades y en los campos; a los niños, jóvenes y ancianos; a las familias y a cada persona, confiando en que continuarán conservando y promoviendo los valores más genuinos del alma cubana que, fiel a la herencia de sus mayores, ha de saber mostrar, aun en medio de las dificultades, su confianza en Dios, su fe cristiana, su vinculación a la Iglesia, su amor a la cultura y las tradiciones patrias, su vocación de justicia y de libertad. En ese proceso, todos los cubanos están llamados a contribuir al bien común, en un clima de respeto mutuo y con profundo sentido de la solidaridad.

En nuestros días ninguna nación puede vivir sola. Por eso, el pueblo cubano no puede verse privado de los vínculos con los otros pueblos, que son necesarias para el desarrollo económico, social y cultural, especialmente cuando el aislamiento provocado repercute de manera indiscriminada en la población, acrecentando las dificultades de los más débiles en aspectos básicos como la alimentación, la sanidad o la educación. Todos pueden y deben dar pasos concretos para un cambio en este sentido. Que las naciones, y especialmente las que comparten el mismo patrimonio cristiano y la misma lengua, trabajen eficazmente por extender los beneficios de la unidad y la concordia, por aunar esfuerzos y superar obstáculos para que el pueblo cubano, protagonista de su historia, mantenga relaciones internacionales que favorezcan siempre el bien común. De este modo se contribuirá a superar la angustia causada por la pobreza, material y moral, cuyas causas pueden ser, entre otras, las desigualdades injustas, las limitaciones de las libertades fundamentales, la despersonalización y el desaliento de los individuos, y las medidas económicas restrictivas impuestas desde fuera del país, injustas y éticamente inaceptables.

Queridos cubanos, al dejar esta amada tierra, llevo conmigo un recuerdo imborrable de estos días y una gran confianza en el futuro de su patria. Constrúyanlo con ilusión, guiados por la luz de la fe, con el vigor de la esperanza y la generosidad del amor fraterno, capaces de crear un ambiente de mayor libertad y pluralismo, con la certeza de que Dios los ama intensamente y permanece fiel a sus promesas. En efecto, «si nos fatigamos y luchamos es porque tenemos puesta la esperanza en Dios vivo, que es el

Salvador de todos los hombres». Que Él les colme de sus bendiciones y les haga sentir su cercanía en todo momento.

¡Alabado sea Jesucristo!

El pueblo de Cuba responde al Papa

Los cubanos manifestaron su entusiasmo y solidaridad con el Papa a través de lemas, cantos y estribillos, que fueron coreados continuamente en los actos celebrados:

MENSAJERO DE LA PAZ Y LA ESPERANZA

VIVA LA IGLESIA

VIVA EL PAPA

VIVA LA VIRGEN DE LA CARIDAD

CUBA, NO TEMAS, CON CRISTO NO HAY QUIEN PUEDA.

UNO, DOS Y TRES, QUE PAPA MÁS CHÉVERE, QUE PAPA MÁS CHÉVERE, NOS VIENE A VISITAR.

CON EL PAPA, CUBA SIEMPRE SERÁ DE CRISTO Y MARÍA.

CUBA PARA CRISTO.

CUBA CATÓLICA SIEMPRE FUE.

LO SÉ, LO HE VISTO, CON EL PAPA VIENE CRISTO.

SE VE SE SIENTE, EL PAPA ESTÁ PRESENTE

JUAN PABLO, SEGUNDO, TE QUIERE TODO EL MUNDO

LIBERTAD, LIBERTAD.

NO TENGAN MIEDO. / NO TENEMOS MIEDO.

PAPA LIBRE, NOS QUIERE A TODOS LIBRES.

JUAN PABLO, AMIGO, EL PUEBLO ESTÁ CONTIGO.

PAPA, HERMANO, TE QUEREMOS LOS CUBANOS.

JUAN PABLO, PASTOR, CAMAGÜEY TE DA SU AMOR

¡QUÉ BIEN, QUÉ BIEN, YA ESTÁ EN CAMAGÜEY!

EL PAPA SE QUEDA EN CAMAGÜEY, CAMAGÜEY, CAMAGÜEY».

AY, MAMÁ INÉS, AY, MAMÁ INÉS, YA LOS CUBANOS TENEMOS LA FE.

CUBA, NO TEMAS, CON CRISTO NO HAY QUIEN PUEDA.

APÉNDICES

Mensajes a Cuba de cuatro papas durante este siglo

1954. Extracto del mensaje del papa Pío XII clausurando el V Congreso de la Confederación Interamericana de Educación Católica celebrado en La Habana.

«Esta vez vuestra reunión ha encontrado acogida señorial en esta espléndida ciudad de San Cristóbal de La Habana donde habéis podido admirar una Universidad fundada por la Iglesia nada menos que en 1728 y tan pujantes instituciones docentes católicas, como la moderna Universidad de Santo Tomás de Villanueva y ese grandioso colegio de Belén que es honor de la Iglesia y orgullo de Cuba católica. Levantad los ojos, hijos amadísimos, y contemplad esa bellísima ciudad, recostada en la boca de su bahía, mirándose en las aguas azules de ese tibio mar que baña sus pies, recreándose en las verdes colinas que limitan su horizonte, oreada con las brisas suaves que le manda el canal de la Florida. Todo se diría que invita al optimismo y a la paz, aunque allá lejos a lo mejor ruja la tormenta o se esté formando junto a cualquier isla remota el tifón desolador. Paz y optimismo han sido sin duda ninguna el espíritu de vuestra asamblea; pero no os olvidéis de que más allá brama el oleaje de las pasiones desencadenadas y corren por el cielo, en galopadas tenebrosas nubes negras ansiosas de descargar en vuestros campos el granito mortal y de arrasar vuestros sembrados con el ímpetu iracundo del huracán. Pero está escrito: ¡no prevalecerán! Y pasarán como pasan esos turbiones de vuestro cielo que dejan el aire luego más limpio, el sol más luminoso y la tierra más fecunda, aunque dejen también un triste séquito de muerte y de desolación...»

1959. Mensaje de Juan XXIII en el I Congreso Católico Nacional.

«Mucho esperamos de vuestra Asamblea de Apostolado Seglar; las consignas de estos días para promover la unión y coordinación de todas las actividades apostólicas, en el intento de salvar la faz cristiana de Cuba y de afianzar sus tradiciones católicas, tendrán como denominador común y recabarán su mayor eficacia de la caridad vivida por cada uno de vosotros y puesta en práctica en el seno de vuestras organizaciones.

¡Cómo queremos en estos momentos poner a Cuba entera a los pies de su amada Patrona, María Santísima de la Caridad del Cobre, para que reine su amor en el alma de cada cubano, para que bendiga sus hogares, para que brillen sin nubes días de paz y de tranquilidad sobre esa querida isla!»

1967. Carta de Pablo VI a los obispos de Cuba en la IX Asamblea de la Conferencia Episcopal.

«Las mutaciones profundas que se han verificado en las estructuras de vuestro país requieren una búsqueda diligente de los métodos más a propósito para el día de hoy, que os consientan ejercitar con fruto la misión salvadora que a vosotros juntamente con vuestros sacerdotes se os ha conferido. Es una tarea no ciertamente fácil, pero el Espíritu Santo que asiste continuamente a la Iglesia os guiará... Tenemos confianza que el buen celo de que el clero cubano está animado, le ayudará a superar las presentes circunstancias y lo incitará a extender su ardor apostólico (...) aun a los alejados, a aquellos que se profesan »inimicos crucis Christi.«

1976. Discurso de Pablo VI en la presentación de las cartas credenciales de José A. Portuondo.

»La acción de la iglesia y de la Santa Sede encuentran en Cuba un terreno preparado por la larga tradición de una civilización de signo cristiano. De manera que aquella no pueda aparecer como ajena al alma y a la realidad profunda del pueblo cubano, ni está destinada a disminuir antes bien a reforzar y poner en evidencia cuanto pertenece a la historia de ese pueblo, a la iglesia en Cuba...

Otros mensajes de Su Santidad Juan Pablo II a Cuba

1982. Discurso de Juan Pablo II en la presentación de las cartas credenciales de Manuel Pérez.
«El noble pueblo cubano está particularmente presente en mi ánimo. La historia es testigo de la aportación que la Iglesia ha prestado al crecimiento integral de la nación... la Iglesia descubre a los hombres la verdad profunda de su condición, de su vocación y aspiraciones más íntimas; y por eso »el Evangelio ha sido en la historia humana, incluso en la temporal, fermento de libertad y de progreso y continúa ofreciéndose sin cesar como fermento de fraternidad, de unidad y de paz.» (Ad. Gentes, 8).

1983. Juan Pablo II a los obispos de Cuba en su visita Ad Limina.
«Porque la Iglesia en Cuba, con sólo 200 sacerdotes y religiosos y las 230 religiosas de que dispone hoy, es consciente de servir... al bien profundo de su pueblo, ayudando a preservar los valores que lo han animado y que se han plasmado en el alma y expresiones vitales de ese pueblo. Pienso en la Iglesia y pido insistentemente a Dios para que sea siempre fiel a su misión en las condiciones en que vive...»

1986. Con motivo del ENEC.
«...en el logro de los objetivos específicos de este Encuentro Nacional Eclesial Cubano os sostendrán la luz y la fuerza del Espíritu Santo; también seréis estimulados interiormente por la experiencia de la gracia madurada a lo largo de años difíciles en la oración, en el sacrificio y en el abnegado compromiso de vida cristiana de numerosos católicos cubanos...»

1988. Visita Ad Limina de los obispos cubanos.
«Seguir fielmente a Jesucristo implica también la necesaria proyección del Evangelio en todos los ámbitos de la vida humana: en la sociedad y en la cultura, en la economía y en la educación. Ninguna realidad ha sido ajena al plan redentor de Cristo. Por eso es de desear que los fieles cubanos tengan la oportunidad y sepan testimoniar su fe en todos estos ámbitos... es de justicia que la Iglesia pueda en todo momento y en todas partes predicar la fe con auténtica libertad... ejercer su misión entre los hombres sin traba alguna y dar un juicio moral, incluso sobre materias referentes al orden

político, cuando lo exijan los derechos fundamentales de la persona...» (Gaudium et spes, 16).

1989. Presentación de las Cartas Credenciales del Sr. Rodríguez Paz.
«Quiero reiterarle, Señor embajador, la decidida voluntad de la Iglesia en Cuba a colaborar, dentro de su propia misión religiosa y moral, con las diversas instituciones de su país en favor de los valores superiores y de la prosperidad espiritual y material de la nación... hemos de congratularnos con el clima de diálogo y mejor entendimiento que se está afianzando entre la jerarquía eclesiástica y las autoridades civiles... Es alentador el diálogo respetuoso con la cultura y las realidades sociales que han impulsado el Encuentro Nacional Eclesial Cubano en febrero de 1986.»

1992. Presentación de Credenciales de Hermes Hernández Hernández.
«Quiero reiterarle, Señor Embajador, la decidida voluntad de la Santa Sede y de la Iglesia en Cuba de poner todo lo que esté de su parte para favorecer el clima de diálogo y mejor entendimiento con las autoridades y diversas instituciones de su país... La aceptación de una presencia más activa de los católicos en la vida pública, además de favorecer el diálogo, redundará sin duda en bien de la comunidad civil...»

1993. Al Comité permanente de la Conferencia de Obispos de Cuba.
«Conozco muy bien la preocupación de ustedes por la situación espiritual y por las penurias materiales que sufre el querido pueblo cubano. Aliento a todos los cubanos al diálogo fraterno, basado en la búsqueda de la verdad y del bien común, lo cual hará posible que todos los hijos de Cuba participen desde su propia condición y responsabilidad.»

1994. Audiencia a la comunidad eclesial cubana en la investidura del cardenal Jaime Ortega y Alamino.
«Sabemos que ha aumentado tanto la credibilidad de la Iglesia Católica en medio de vuestro pueblo que muchos cubanos ven en ella hoy 'la única razón para seguir esperando.' Ruego al Espíritu Santo Consolador que inspire y promueva en medio de vuestra Iglesia las necesarias vocaciones a la vida sacerdotal, a la vida religiosa y al laicado comprometido para que al atravesar esta prueba y emprender la pronta y necesaria reconstrucción de la querida nación cubana, los católicos sean siempre en medio de su pueblo »profetas de la consolación.»

1994. Visita Ad Limina de los obispos cubanos.

«Siempre abiertos al diálogo como instrumento de mutua comprensión, no dudéis en defender en todo momento los legítimos derechos de la persona... El laicado está llamado a desempeñar un papel de suma importancia ante los retos que el presente y el futuro de Cuba plantean... En el corazón materno de la Virgen de la Caridad del Cobre, Patrona de Cuba, pongo mi ferviente deseo de poder ir un día a visitarles y compartir las riquezas de nuestra fe, el gozo de nuestra esperanza, el testimonio del amor que todo lo puede.»

1995. Audiencia en la reunión promovida por »Cor unum» para la ayuda humanitaria a Cuba.

«Quiero alentar a los católicos cubanos animados por sus pastores, así como a las personas de buena voluntad, que teniendo presente el rico y siempre actual patrimonio de la doctrina social de la Iglesia, impulsen y favorezcan, sin desánimos, convenientes iniciativas encaminadas a superar las situaciones de pobreza y marginación que afectan a tantos hermanos necesitados.

1996. Mensaje al encuentro conmemorativo por X Aniversario del ENEC.

«La paz y también la paz social, exige en todos un cambio de mentalidad para que las tensiones que generan conflictos den paso a la comprensión y al diálogo. La Iglesia dirige su mensaje a seres humanos inmersos en realidades a veces angustiosas y a veces desafiantes... Es misión de la Iglesia y por tanto de los católicos de Cuba, proponer o rescatar los valores de la familia; recordar en todo momento la grandeza y la preeminencia del trabajo humano y su justa retribución. De igual modo, la misma Iglesia siente el deber de alertar las conciencias de quienes ejercen funciones públicas sobre sus grandes responsabilidades en el campo de la política o en el de la economía, tan ligada a ella.»

«EL AMOR TODO LO ESPERA»
(I Cor. 13,7)

MENSAJE DE LA CONFERENCIA DE OBISPOS CATÓLICOS DE CUBA
La Habana 8 de septiembre de 1993.

QUERIDOS SACERDOTES, DIÁCONOS, RELIGIOSOS, RELIGIOSAS, LAICOS CATÓLICOS Y CUBANOS TODOS:

Comenzamos nuestro mensaje invocando a la Patrona de Cuba. No por casualidad lo dirigimos a ustedes en el día en que todo el pueblo cubano se alegra, lleno de amor y de esperanza, celebrando la fiesta de la que con tanto afecto filial llamamos: Virgen de la Caridad.

En esta fecha hacemos llegar este mensaje a todos nuestros hermanos cubanos, pues a lo largo de casi cuatro siglos los cubanos nos hemos encontrado siempre juntos, sin distinción de razas, clases u opiniones, en un mismo camino: el camino que lleva a El Cobre, donde la amada Virgencita, siempre la misma aunque nosotros hayamos dejado de ser los mismos, nos espera para acoger, bendecir y unir a todos los hijos de Cuba bajo su manto de madre. A sus pies llegamos sabiendo que nadie sale de su lado igual a como llegó. Allí se olvidan los agravios, se derrumban las divisiones artificiales que levantamos con nuestras propias manos, se perdonan las culpas, se estrechan los corazones.

JESUCRISTO Y LA VIRGEN MARÍA DE LA CULTURA DEL PUEBLO CUBANO

Al empezar queremos recordar aquellas palabras que San José escuchó del ángel: «No temas recibir a María en tu casa» (Mt. 1,20), y también aquellas otras palabras claves que pronunció la misma María refiriéndose a su Hijo: «Hagan lo que Él les diga» (Jn. 2,5). Si sabemos acoger a María, ella nos llevará hasta Jesús.

A los obispos cubanos nos parece providencial que los dos signos religiosos más populares de nuestro pueblo sean la devoción a la Virgen de la Caridad y la devoción al Sagrado Corazón de Jesús, es decir, Jesucristo definido para los cubanos por el corazón, símbolo del amor, y María definida por su título de la Virgen de la Caridad que es lo mismo que decir Virgen del Amor. En efecto, ¿quién no recuerda en Cuba aquel tradicional y popular cuadro del Sagrado Corazón o aquella estampa de la Virgen de la Caridad presidiendo en la sala la vida de la familia cubana? Esto es un signo de nuestra cultura, una cultura marcada por el corazón hecho para el amor, la amistad, la caridad, que ha generado un cubano proverbialmente conocido en todo el mundo por su carácter amistoso, afable, poco rencoroso o vengativo, que antes se saludaba muy sinceramente con la nota simpática de este vocativo: ¡mi familia! La familia: el lugar de la fiesta, de la confianza, de la reconciliación, del amor, donde todo el mundo se siente bien, se desarma y baja sin miedo la guardia, porque el hogar es el puerto seguro donde se calman todas las tempestades. Así, como una gran familia, ha sido siempre nuestro pueblo.

Al amor de Jesús y al amor de María debe la gran familia cubana muchas cosas bellas y buenas. Pensar en el Corazón de Jesús, creer en Él, es rendir culto al amor. Confiar, esperar en la Virgen de la Caridad es confiar y esperar en el amor.

Por tanto, con San Pablo «pedimos de rodillas ante el Padre, de quien toda familia toma su nombre... que nos conceda, según la riqueza de su gloria, ser poderosamente fortalecidos en nuestro interior por la fuerza del Espíritu Santo para que Cristo habite mediante la fe de nuestro corazón, a fin de que el amor sea la raíz y el fundamento de la vida y seamos capaces de comprender, con todo el pueblo de Dios, cuál es la anchura y la largura, cuál es la altura y la profundidad del amor de Cristo que sobrepasa todo conocimiento humano» (Ef. 3, 14-20).

«AMARÁS A DIOS CON TODO TU CORAZÓN» (Mt. 22,37)

Amar es la única manera que tiene Dios de ser. Y ese gran amor que Dios nos tiene a todos reclama, como respuesta, nuestro amor a Él. El amor a Dios en el cristiano se entiende así como la respuesta de un corazón agradecido que no cesa de alabar a Dios con una gratitud sin límites. Amamos a Dios porque «El nos amó primero» (I Jn. 4,19), porque «solo Él es bueno» (Lc. 18,19), y este amor a Dios debe fundar las exigencias del amor en muchas direcciones, desde el amor al amigo, que es el amor más fácil, hasta el amor al enemigo, que es el amor más difícil.

«Ámense unos a otros» (Jn. 13,34). Dios nos manda amar y este es un mandamiento muy exigente porque, casi siempre, lo contrario nos resulta más accesible. Sin embargo, sólo en el amor podemos encontrar a Dios y encontrarnos, a la vez, a nosotros mismos y a los demás hombres.

«AMARÁS A TU PRÓJIMO COMO A TI MISMO» (Mt. 22,39)

La razón de la relación estrecha que aparece en todo el Evangelio entre el amor a Dios y el amor al prójimo, está plasmada en dos mandamientos distintos, que Jesús declara iguales: «Amarás al Señor tu dios con todo tu corazón, con toda tu alma y con toda tu mente, éste es el mandamiento más importante y el primero de todos ; pero hay un segundo mandamiento igual que éste: amarás a tu prójimo como a ti mismo. En estos dos mandamientos se resume toda la ley y los profetas» (Mt. 22,37-40). «Este mandamiento de Él tenemos: que quien ama a Dios ama también a su prójimo» (I Jn, 4,21). «Si alguno dice que ama a Dios pero odia a su prójimo es mentiroso» (I Jn. 4,20). Es decir, el amor a Dios se verifica en nosotros por el amor al prójimo. Este amor cristiano no se reduce sólo a actos, sino que implica una actitud fundamental ante la vida. Es muy significativo que el querer de dios en el primer día de la creación haya sido éste: «No es bueno que el hombre esté solo» (Gen. 2,18), y que la pregunta de Dios al hombre recién creado haya sido ésta: «¿Dónde está tu hermano?» (Gen. 4,9), con lo cual el Señor funda la sociedad doméstica y toda la sociedad humana sobre una relación de amor y establece que dicha relación es anterior a toda otra, sea económica, política o ideológica. Por eso San Pablo nos dice que si trasladamos montañas, si lo sabemos todo, si lo damos todo a los pobres, pero no tenemos amor, de nada nos sirve (I Cor. 13).

La columna, pues, que sostiene firme el desarrollo de la familia y de la sociedad es el amor. Una sociedad más justa, más humana, más próspera, no se construye solamente trasladando montañas o repartiendo equitativamente los bienes materiales, porque entonces aquellas personas que reciben una misma cuota de alimentos serían los más fraternos y la experiencia nos confirma, lamentablemente, que a veces no es así. Los problemas del hambre, la guerra, el desempleo, son grandes en el mundo, pero falta de amor fraterno, y más aún el egoísmo y el odio, son más graves y, en el fondo, la causa de los demás problemas. Porque el hombre necesita del pan para vivir, pero «no sólo de pan vive el hombre» (Lc. 4,4).

Cuando pensamos en el amor nos viene casi siempre a la mente el amor de una persona a otra, pero la palabra que usa mucho la Sagrada Escritura para expresar el amor es «ágape», que significa fraternidad, comunión, solidaridad con una multitud de hermanos. La fraternidad entendida sólo dentro de un grupo selecto es una forma extraña de egoísmo, es la manera de unirnos más para separarnos mejor. Por lo tanto, nosotros cristianos, no podemos aceptar las situaciones de enemistad como algo definitivo, porque toda enemistad puede evolucionar hacia una situación de amistad si dejamos que triunfe el amor.

LA JUSTICIA Y LA CARIDAD

En la historia de los pueblos no han faltado voces que han lanzado el grito de: «¡Caridad, no; justicia!». Pero Jesús dijo: «si la justicia de ustedes no es mayor que la de los escribas y fariseos, no entrarán en el reino de los cielos» (Mt. 5,20), y nos advirtió que si no tenemos misericordia nos espera un juicio sin misericordia (Mt. 5,7). San Pablo nos recuerda que «si reparto todo lo que tengo a los pobres, pero no tengo amor, soy sólo una campana que repica» (I Cor. 13,1).

La lucha por la justicia no es una lucha ante la cual uno pueda quedarse neutral, porque esto equivaldría a ponerse a favor de la injusticia y Jesús, refiriéndose al hombre que quiere cumplir la voluntad de Dios, declaró bienaventurados a los que «tienen hambre y sed de justicia» (Mt. 5,6) y a «los que son perseguidos por procurar la justicia» (Mt. 5,10). Pero donde termina la justicia empieza la caridad o, mejor aún, la caridad precede e integra la justicia, porque la justicia queda incompleta sin el amor. A nadie le gusta sentirse tratado sólo con justicia y, ante una justicia sin amor, que puede ser la del «ojo por ojo y diente por diente» (Mt. 5,38), es posible que el hombre experimente aún una mayor opresión. La justicia corta en seco, el amor crea; la justicia ve con los ojos, el amor sabe ver también con el corazón; la justicia puede estar vacía de amor, pero el amor no puede estar vacío de justicia, porque un fruto del amor es la paz y «la justicia y la paz se besan» (Sal. 8511).

EL AMOR VENCE AL ODIO

Cualquier llamado al amor debe encontrar siempre resonancia en todo corazón humano, pero más aún en el corazón del cubano colocado bajo la mirada amorosa del Corazón de Jesús y de la Virgen de la Caridad, Virgen del Amor.

Cuando voces autorizadas de la Nación han dicho que la Revolución es magnánima nos alegra que esta idea esté en el horizonte de los que dirigen el país, pues así es posible infundir la esperanza de que se haga más cálido el pensamiento y el vocabulario que orienta la vida de nuestro pueblo.

Porque el odio no es una fuerza constructiva. Cuando el amor y el odio luchan, el que pierde siempre es el odio. «Cuando yo me desespero, —dice Gandhi— recuerdo que, en la historia, la verdad y el amor siempre han terminado por triunfar». A través del tiempo, el único amor que ha perdido siempre, a la corte o a la larga, es el amor propio.

Todos quisiéramos, y esta es nuestra constante oración, que en Cuba reinara el amor entre sus hijos, un amor que cicatrice tantas heridas abiertas por el odio, un amor que estreche a todos los cubanos en un mismo abrazo fraterno, un amor que haga llegar para todos la hora del perdón, de la amnistía, de la misericordia. Un amor, en fin, que convierta la felicidad de los demás en la felicidad propia.

Del trasfondo bíblico que late en el pensamiento de Martí nacen estas frases suyas: «la única ley de la autoridad es el amor». «triste Patria sería la que tuviera el odio por sostén», «el amor es la mejor ley».

LA MISIÓN DE LA IGLESIA

Ya hemos dicho que los dos signos religiosos populares de Cuba: el Sagrado Corazón de Jesús y la Virgen de la Caridad inspiraron este mensaje de amigos a amigos, de hermanos a hermanos, de cubanos a cubanos.

Nosotros, pastores de la Iglesia, no somos políticos y sabemos bien que esto nos limita, pero también nos da la posibilidad de hablar a partir del tesoro que el Señor nos ha confiado: la Palabra de Dios explicitada por el Magisterio y la experiencia milenaria de la Iglesia. Nos permite también hablar sobre lo único que nos corresponde: el aporte de la Iglesia al bien de todos en el plano espiritual y humano. Y hablar con el lenguaje que nos es propio: el del amor cristiano. La Iglesia no puede tener un programa político, porque su esfera es otra, pero la Iglesia puede y debe dar su juicio moral sobre todo aquello que sea humano o inhumano, en el respeto siempre de las autonomías propias de cada esfera. El Concilio Vaticano II, en su Constitución Pastoral «Gozo y Esperanza», n. 76, y en el Decreto sobre el Apostolado de los Laicos, n. 7, nos ofrece una doctrina muy segura sobre este tema. No nos identificamos, pues, con ningún partido, agrupación política o ideología, porque la fe no es una ideología, aunque éstas no le son indiferentes a la Iglesia en cuanto a su contenido ético. Nuestros puntos de vista no están referidos a ningún modelo político, pero nos interesa saber el grado de humanidad que ellos contienen. Hablamos, pues, sin compromisos y sin presión de nadie.

Por otra parte los obispos no somos técnicos ni especialistas. Tampoco somos jueces ni fiscales. Por imperativo de la caridad no tenemos derecho a juzgar a las personas; entre otras cosas, porque caeríamos en el mismo error que condenamos, que es el de mirar más las ideas que las personas. Esto es algo que repugna al Evangelio.

A QUIÉNES DIRIGIMOS ESTE MENSAJE

Hablamos a todos, también a los políticos, o sea, a los que están constituidos en el difícil servicio de la autoridad y a los que no lo están pero, dentro o fuera del país, aspiran a una participación efectiva en la vida política nacional. Hablamos como cubanos a todos los cubanos, porque entendemos que las dificultades de Cuba debemos resolverlas juntos todos los cubanos.

NUESTRAS RELACIONES CON OTROS PAÍSES

En la historia de este siglo y fines del pasado hemos tenido la triste experiencia de las intervenciones extranjeras en nuestros asuntos nacionales. En nuestra historia más reciente nos ha sucedido lo mismo. Frente a algunas realidades negativas que nos legaron anteriores gobiernos, acudimos a buscar la solución de esos problemas donde no se originaban los mismos y con quienes desconocían nuestra realidad por encontrarse lejos de nuestra área geográfica y ajenos a nuestra tradición cultural. Se hicieron alianzas políticas y militares, se produjeron cambios, socios comerciales, etc.

No es de extrañar ahora que algunos de nuestros obstáculos presentes provengan de esta estrecha dependencia que nos llevó a copiar estructuras y modelos de comportamiento. De ahí la repercusión que ha tenido, entre nosotros el desplome, en Europa del Este, del socialismo real.

Al mismo tiempo, nosotros, atrapados en medio de la política de bloques que prevaleció en los últimos decenios, hemos padecido: el embargo norteamericano, restricciones comerciales, aislamiento, amenazas, etc.

Sabemos que vivimos en un mundo interdependiente y que ningún país se basta a sí mismo. Aspiramos, con todos los países del área, a una integración latinoamericana, tal y como lo expresaron los obispos del Continente en la IV Conferencia General del Episcopado Latinoamericano reunida en Santo Domingo, porque los países pobres deben asociarse para superar su dependencia negativa respecto a los países ricos.

Pero no es únicamente del extranjero de donde debemos esperar la solución a nuestros problemas: solidaridad extranjera, inversiones extranjeras, turismo extranjero, dinero de los que viven en el extranjero, etc.

En nuestra historia reciente hay, pues, dos elementos significativos: la ayuda de algunos extranjeros y las interferencias de otros extranjeros. Y, en medio, el pueblo cubano que lucha, trabaja, sufre por un mañana que se aleja cada vez más. Ante esta situación muchos parecen querer paliar sus sufrimientos yéndose al extranjero o se evaden simplemente de la realidad en una especie de exilio interno. Hoy se admite que los cubanos que pueden ayudar económicamente son precisamente aquellos a quienes hicimos extranjeros. ¿No sería mejor reconocer que ellos tienen también el legítimo derecho y deber de aportar soluciones por ser cubanos? ¿Cómo podremos dirigirnos a ellos para pedir su ayuda si no creamos primero un clima de reconciliación entre todos los hijos de un mismo pueblo?

TODO PUEDE RESOLVERSE ENTRE CUBANOS

Somos los cubanos los que tenemos que resolver los problemas entre nosotros, dentro de Cuba. Somos nosotros los que tenemos que preguntarnos seriamente: ¿por qué hay tantos cubanos que quieren irse y se van de su Patria?, ¿por qué renuncian algunos, dentro de su misma Patria, a su propia ciudadanía para acogerse a una ciudadanía extranjera?, ¿por qué profesionales, obreros, artistas, sacerdotes, deportistas, militares, militantes o gente anónima y sencilla aprovechan cualquier salida temporal, personal u oficial, para quedarse en el extranjero?, ¿por qué el cubano se va de su tierra siendo tradicionalmente tan «casero» que, durante la época colonial, no había para él castigo más penoso que la deportación, «el indefinible disgusto» como le llama Martí, quien dice también que «un hombre fuera de su Patria es como un árbol en el mar», y que «algo hay de buque náufrago en toda casa extranjera»?

¿Por qué, en fin, no intentar resolver nuestros problemas, junto con todos los cubanos, desde nuestra perspectiva nacional, sin que nadie pretenda erigirse en único defensor de nuestros intereses o en árbitro para nuestros problemas, con soluciones en las que, a veces, tal parece que los únicos que pierden son los nacionales?

LA SITUACIÓN DE NUESTRO PAÍS

«Si tu hermano está en necesidad y la cierras el corazón, el amor de Dios no está en ti» (I Jn. 3,17). Nadie puede cerrar su corazón a la situación actual de nuestra Patria; tampoco los ojos para reconocer con pena que Cuba está en necesidad. Las cosas no van bien, este tema está en la calle, en medio del mismo pueblo. Hay descontento, incertidumbre, desesperanza en la población. Los discursos oficiales, las comparecencias por los medios de comunicación social, los artículos de la prensa algo comentan, pero el empeoramiento es rápido y progresivo y la única solución que parece ofrecerse es la de resistir, sin que pueda vislumbrarse la duración de esa resistencia.

Treinta y cuatro años es un lapso suficiente como para tender una mirada no sólo coyuntural, sino histórica, sobre un proceso que nació lleno de promesas e ideales, alcanzados algunos, pero en los que, como tantas veces pasa, la realidad no coincide en todos los casos con la idea que nos hicimos de ella, porque no es posible adaptarla siempre a nuestros sueños.

En el orden económico las necesidades materiales elementales están en un punto de extrema gravedad. El suelo bello y fértil de nuestra Isla, la Perla de las Antillas, ha dejado de ser la madre tierra, como cansada ahora e incapaz de alimentar a sus hijos con sus dobles cosechas de los frutos más comunes como la calabaza y la yuca, la malanga y el maíz, y las frutas que hicieron célebre a nuestro suelo feraz. El pueblo se pregunta cómo es posible que escaseen estas cosas y cuesten tanto. Lo que se dice del sector agrícola se puede decir también de otros sectores y servicios.

Sabemos que, en este deterioro económico progresivo, inciden diversos factores, entre ellos: la condición insular de nuestro país, la transformación de las relaciones comerciales con los países antes socialistas que estaban fundadas sobre bases ideológicas y, ahora, lo están sobre bases estrictamente económicas, errores cometidos en el país en la gestión administrativa y económica y el embargo norteamericano, potenciado ahora por la ley Torricelli.

Los obispos de Cuba rechazamos cualquier tipo de medida que, pretendiendo sancionar al gobierno cubano, contribuya a aumentar las dificultades de nuestro pueblo. Esto lo hicimos, en su momento, con respecto al embargo norteamericano y, recientemente, con la llamada ley Torricelli; además realizamos otras gestiones históricas personalmente con la Administración Norteamericana con vistas a la supresión del embargo, al menos en relación con los medicamentos. Procurábamos también con esos gestos que se dieran pasos positivos para solucionar las dificultades entre los gobiernos de Estados Unidos y Cuba.

SOLIDARIDAD EN LAS DIFICULTADES

La solidaridad a favor del pueblo cubano en estos momentos de extrema necesidad es un gesto hermoso, una expresión de apoyo al pueblo de Cuba que agradecemos vivamente. Sin embargo, esta solidaridad puede generar en nosotros una especie de pasividad y de táctica aceptación de las causas que origina los problemas. Recordamos lo que el Cardenal Etchegaray, en su última visita a Cuba, dijo al despedirse: «Cuba no puede esperarlo todo de los demás. Es necesario, desde ahora, buscar verdaderas soluciones nacionales con la participación activa de todo el pueblo. ¡Ayúdate.. y toda la tierra te ayudará! Cree en tus propios recursos humanos que son inagotables, cree en estos valores que hacen de todo hombre tu hermano» (17 de diciembre de 1992).

CONDICIONES PARA UNA SOLUCIÓN

No nos compete señalar el rumbo que debe tomar la economía del país, pero sí apelar a un balance sereno y sincero, con la participación de todos los cubanos, sobre la economía y su dirección. Más que medidas coyunturales de emergencia, se hace imprescindible un proyecto económico de contornos definidos, capaz de inspirar y movilizar las energías de todo el pueblo. No excluimos la posibilidad de que exista dicho proyecto, pero su desconocimiento no contribuye a generar confianza para potenciar las energías reales de los hombres y mujeres de nuestro país.

EL DETERIORO DE LO MORAL

Otro aspecto al cual debemos prestar atención es el deterioro del clima moral en nuestra Patria. Loa padres y madres, sacerdotes, educadores, agentes del orden público y las autoridades se sienten con frecuencia desconcertados por el incremento de la delincuencia: robos, asaltos, la extensión de la prostitución y la violencia por causas generalmente desproporcionadas. Estos comportamientos son, muchas veces, la manifestación de una agresividad reprimida que genera una inseguridad personal en la calle y aún en el hogar.

Las carencias materiales más elementales: alimentos, medicinas, transporte, fluido eléctrico, etc. favorecen un clima de tensión que, en ocasiones, nos hace desconocido al cubano, naturalmente pacífico y cordial. Hay explosiones de violencia irracional que comienzan a producirse en los pueblos y ciudades. Hacemos un apremiante llamado a nuestro pueblo para que no sucumba a la peligrosa tentación de la violencia que podría generar males mayores.

Los altos índices de alcoholismo y de suicidio revelan, entre otras cosas, la presencia de factores de depresión y evasión de la realidad. Los medios de comunicación social reconocen, a veces, estos hechos, pero no siempre tocan fondo en el análisis de las causas y de los remedios. Ciertamente, se hace muy difícil alcanzar un clima moral fundado sólo en lo relativo y no en lo absoluto. Pero es necesario también que nos preguntemos serenamente en qué medida la intolerancia, la vigilancia habitual, la represión, van acumulando una reserva de sentimientos de agresividad en el ánimo de mucha gente, dispuesta a saltar al menor estímulo exterior. Con más medidas punitivas no se va a lograr otra cosa que aumentar el número de los transgresores, esto lo saben muy bien los padres de familia. Es muy discutible el valor del castigo para humanizar, sobre todo cuando este rigor se ejerce en el ámbito de la simple expresión de las convicciones políticas de los ciudadanos. Queremos, pues, dirigir también un insistente llamado a todas las instancias del orden público para que no cedan tampoco ellos a los falsos reclamos de la violencia. Repetimos, creemos que es posible afrontar los problemas con serenidad y en el clima de cordialidad que generalmente nos ha caracterizado como pueblo.

LOS VALORES DE NUESTRA CULTURA

Han sido grandes los esfuerzos realizados, en estos años, para promover la cultura nacional pero, por otra parte, se están perdiendo valores fundamentales de la cultura cubana. Una de las pérdidas más sensibles es la de los valores familiares. Al romperse la familia se rompe lo más sagrado. La familia ha dejado de tener una unidad sólida para fragmentarse dolorosamente: escuelas en el campo, jóvenes separados del hogar, hombres y mujeres que trabajan lejos de sus casas, tanto fuera como dentro del país, etc.

La nupcialidad prematura es una señal de poco equilibrio social, los divorcios aumentan en forma alarmante, poniendo punto final a una unión que debiera ser para toda la vida. Más de la mitad de los que se casan ya se han separado al poco tiempo y hay muchos hijos sin padre. La mortalidad infantil reducida es un logro de la Salud Pública cubana, pero la mortalidad por abortos de niños que antes de nacer mueren en el mismo lugar donde se consideraban más seguros, en el seno materno, es asombrosa, particularmente en jóvenes de edad escolar. No obstante estas constataciones negativas, en la familia está el eje del presente y del futuro de Cuba. Por tanto, si queremos una Patria feliz todos estamos comprometidos a proteger y promover los valores familiares.

«LA VERDAD LOS HARÁ LIBRES (Jn. 8,32)

Debemos también reflexionar sobre la veracidad. La Convocatoria para el IV Congreso del Partido Comunista de Cuba hacia un llamamiento muy nítido para erradicar lo que llamó doble moral, unanimidad falsa, simulación y acallamiento de opiniones. Ciertamente, un país donde rindan dividendos tales actitudes no es un país sano ni completamente libre; se convierte, poco a poco, en un país escéptico, desconfiado, donde queriendo lograr que surja un hombre nuevo podemos encontrarnos con un hombre falso.

Todo hombre tiene derecho, en lo que concierne a la vida pública, a que la verdad le sea presentada completa y, cuando no es así, se desatan un proceso en cadena de rumores, burlas, chistes, a veces irrespetuosos de las personas, que pueden ser como la válvula de escape para exteriorizar lo que se lleva internamente reprimido. La búsqueda sin trabas de la verdad es condición de la libertad.

LOS ASPECTOS POLÍTICOS

La gravedad de la situación económica de Cuba tiene también implicaciones políticas, pues lo político y lo económico están en estrecha relación.

Nos parece que, en la vida del país, junto a ciertos cambios económicos que comienzan a ponerse en práctica, deberían erradicarse algunas políticas irritantes, lo cual produciría un alivio indiscutible y una fuente de esperanza en el alma nacional:

El carácter excluyente y omnipresente de la ideología oficial, que conlleva la identificación de términos que no pueden ser unívocos, tales como: Patria y socialismo, Estado y Gobierno, autoridad y poder, legalidad y moralidad, cubano y revolucionario. Este papel, centralista y abarcador de la ideología, produce una sensación de cansancio ante las repetidas orientaciones y consignas.

Las limitaciones impuestas, no sólo al ejercicio de ciertas libertades, lo cual podría ser admisible coyunturalmente, sino a la libertad misma. Un cambio sustancial de esta actitud garantizaría, entre otras cosas, la administración de una justicia independiente, lo cual nos encaminaría, sobre bases estables, hacia la consolidación de un estado de pleno derecho.

El excesivo control de los órganos de Seguridad del Estado que llega a veces, incluso, hasta la vida estrictamente privada de las personas. Así se explica ese miedo que no se sabe bien a qué cosa es, pero se siente, como inducido bajo un velo de inasibilidad.

El alto número de prisioneros por acciones que podrían despenalizarse unas y reconsiderarse otras, de modo que se pusiera en libertad a muchos que cumplen.

La discriminación por razón de ideas filosóficas, políticas o de credo religioso, cuya efectiva eliminación favorecería la participación de todos los cubanos sin distinción en la vida del país. 52. Tal y como lo expresó nuestro Encuentro Nacional Eclesial Cubano (ENEC): »La Iglesia Católica en Cuba ha hecho una clara opción por la seriedad y la serenidad en el tratamiento de las cuestiones, por el diálogo directo y franco con las autoridades de la nación, por el no empleo de las declaraciones que puedan servir a la propaganda en uno u otro sentido y por mantener una doble y exigente fidelidad: a la Iglesia y a la Patria. A esto se debe, en parte, el silencio, que ciertamente no ha sido total, de la Iglesia, tanto en Cuba como de cara al Continente, en estos últimos 25 años. Los obispos de Cuba, conscientes de vivir una etapa histórica de singular trascendencia, han ejercido su sagrado magisterio con el tacto y la delicadeza que requería la situación» (Nos. 129 y 168b), pero un sano realismo implica la aceptación de dejarnos interpelar a nosotros mismos, lo cual puede no gustar, pero puede, también, llevarnos a las raíces de los problemas a fin de aliviar la situación de nuestro pueblo.

EL HOMBRE: CENTRO DE TODOS LOS PROBLEMAS

En el centro de toda esta situación problemática está el hombre, el sujeto preferente, el tesoro más grande que tiene Cuba. «El hombre en la tierra es la única criatura que Dios ama por sí misma» (GS. 24). Y cuando Jesús declara que «el sábado es para el hombre y no el hombre para el sábado» (Mc. 2,27), o cuando San Pablo dice: «todo es tuyo, tú eres de Cristo y Cristo es de Dios» (I Cor. 3,23), o el Creador dice: «Hagamos al hombre a imagen y semejanza nuestra» (Gén. 1,26), nos están advirtiendo que no se puede subordinar el hombre a ningún otro valor. La persona humana, en la integralidad de sus características materiales y espirituales, es el valor primero y, por tanto, el desarrollo de una sociedad se alcanza cuando ésta es capaz de producir mejores personas, no mejores cosas; cuando se mira más a la persona que a las ideas; cuando el hombre es definido por lo que es, no por lo que piensa o tiene. «El principio, el sujeto y el fin de todas las instituciones sociales es y debe ser la persona humana» (GS. 25).

BUSCAR CAMINOS NUEVOS

Los obispos, como todo nuestro pueblo, seguimos con atención e interés el inicio de algunos cambios en la organización económica del país. Al mismo tiempo comprobamos que dadas las actuales condiciones de vida del pueblo cubano, se requiere actuar con urgencia y, además, en un marco de iniciativas coherentes cuyos perfiles y metas deberían ser dados a conocer.

Reconocer un problema ya es empezar a resolverlo y someterse uno mismo a la realidad es un modo de cambiarla. Pero además es necesario que, abiertos a las exigencias de la realidad, busquemos sinceramente la verdad con un corazón dispuesto a la comprensión y al diálogo.

Aún la misma concepción dialéctica y antidogmática con que se autodefine el marxismo favorece la búsqueda incesante de caminos nuevos para la solución de los problemas mediante cambios que impidan que el país permanezca encerrado en sí mismo y que impliquen una transformación profunda en las actitudes. El Estado tiene el deber de preocuparse por el bien de todos y los esfuerzos por promover la salud, la instrucción y la seguridad social, infunde la esperanza de que pueda proponer soluciones que inicien cambios sustanciales para hacer frente a las nuevas formas de la pobreza en Cuba.

Todos, sin embargo, deben participar activamente en la gestación y realización de estos cambios. Si tales cambios no se efectuaran participativamente, la sociedad puede volverse perezosa, agotando sus virtualidades en un simple desarrollismo.

En las graves circunstancias actuales parece que si no hubiera cambios reales, no sólo en lo económico, sino también en lo político y en lo social, los logros alcanzados podrían quedar dispersos tras años de sacrificio. Todos en Cuba quisiéramos entrar en el tercer milenio como una sociedad justa, libre, próspera y fraterna. Todos los cubanos quisiéramos que no nos sustituyera el vacío que dejamos atrás, sino una estela de buen recuerdo en nuestra historia.

EL CAMINO MEJOR: EL DIÁLOGO

Sobre el diálogo, y diríamos mejor aún, sobre el compromiso mediante el diálogo, quisiéramos decir una palabra, reiterando lo que, en tantas ocasiones hemos expresado. Recordamos, por ejemplo, lo ampliamente detallado en el Encuentro Nacional Eclesial Cubano (números 306 al 330), en nuestro Mensaje de Navidad de 1989, etc. El Santo Padre Juan Pablo II nos dice: «... los complejos problemas se pueden resolver por medio del diálogo y de la solidaridad en vez de la lucha para destruir al adversario y en vez de la guerra» (Centesimus Annus n. 22 y 23).

Ninguna realidad humana es absolutamente incuestionable. Tenemos que reconocer que en Cuba hay criterios distintos sobre la situación del país y sobre las soluciones posibles y que el diálogo se está dando a media voz en la calle, en los centros de trabajo, en los hogares. Es evidente que los caminos que conducen a la reconciliación y a la paz, como el diálogo, tienen un innegable respaldo popular y, además, mucha simpatía y prestigio.

UN DIÁLOGO ENTRE CUBANOS

El cubano es un pueblo sabio, no sólo con la sabiduría que procede de los libros, sino con esa otra sabiduría que viene de la experiencia de la vida. Por esto desea un diálogo franco, amistoso, libre, en el que cada uno exprese su sentir verbal y cordialmente. Un diálogo no para ajustar cuentas, para depurar responsabilidades, para reducir al silencio al adversario, para reivindicar el pasado, sino para dejarnos interpelar. Con la fuerza se puede ganar a un adversario, pero se pierde un amigo, y es mejor un amigo al lado que un adversario en el suelo. Un diálogo que pase por la misericordia, la amnistía, la reconciliación, como lo quiere el Señor que «ha reconciliado a los dos pueblos con Dios uniéndolos en un solo cuerpo por medio de la cruz y destruyendo la enemistad» (Ef. 2,16).

Un diálogo no para averiguar tanto los ¿por qué?, como los ¿para qué?, porque todo por qué descubre siempre una culpa y todo para qué trae consigo una esperanza. Un diálogo no sólo de compañeros, sino de amigos a amigos, de hermanos a hermanos, de cubanos a cubanos que somos todos, de cubanos «que hablando se entienden» y pensando juntos seremos capaces de llegar a compromisos aceptables.

Un diálogo con interlocutores responsables y libres y no con quienes antes de hablar ya sabemos lo que van a decir y, antes de que uno termine, ya tienen elaborada la respuesta, de los que uno a veces sospecha que piensan igual que nosotros, pero no son sinceros o no se sienten autorizados para serlo.

En las cosas contingentes todos podemos tener fragmentos del arco de la verdad, pero nadie puede atribuirse la verdad toda, porque sólo Jesús pudo decir: «Yo soy la verdad» (Jn. 14,6), «el que no está conmigo está contra mí» (Lc. 11,23).

En Cuba hay un solo partido, una sola prensa, una sola radio y una sola televisión. Pero el diálogo al que nos referimos debe tener en cuenta la diversidad de medios y de personas, tal como lo expresa el Santo Padre: «la sociabilidad no se agota en el Estado, sino que se realiza en diversos grupos intermedios, comenzando por la familia y siguiendo por los grupos económicos, sociales, políticos y culturales, los cuales, como provenientes de la misma naturaleza humana, tienen su propia autonomía, sin salirse del bien común» (Centesimus Annus, n. 13).

Cuando uno analiza las opiniones de otros en el sentido del valor y mérito que tengan en sí mismas y no en función de las personas que las emiten, no hay por qué temer, ya que la disensión puede ser una fuente de enriquecimiento. No hay por qué temer a las réplicas y las discrepancias, porque las críticas revelan lo que los incondicionales ocultan.

El pueblo cubano es un pueblo maduro y, si queremos ser ciudadanos del mundo del mañana, bien vale la pena ponerlo a prueba y reconocerle el derecho a la diversidad que no es sólo un derecho legal, sino básicamente ético, humano, porque se fundamente en la dignidad del hombre por encima de cualquier otro valor.

Si Cuba ha abierto las fronteras a las relaciones internacionales con sistemas no sólo distintos, sino hasta opuestos al nuestro, que incluso en palestras internacionales han votado contra los puntos de vista del gobierno cubano, no se ve por qué a nivel nacional los cubanos deben ser forzosamente uniformes; si a los problemas y confrontaciones con esos otros países se les califica comprensivamente de «problemas entre familia» por qué no llamarle igual a las discrepancias entre los cubanos. No olvidamos, cuántos problemas de El Salvador, Nicaragua, Argentina, Chile y la guerrilla de Colombia terminaron en concordia para el bien del pueblo mediante un diálogo en el que nadie perdió y ganaron todos. Hay países hermanos de los que hay mucho ciertamente que evitar, pero también hay mucho que aprender.

Sabemos bien que no faltan, dentro y fuera de Cuba, quienes se niegan al diálogo porque el resentimiento acumulado es muy grande o por no ceder en el orgullo de sus posiciones o, también, porque son usufructuarios de esta situación nuestra; pero pensamos que rechazar el diálogo es perder el derecho a expresar la propia opinión y aceptar el diálogo es una posibilidad de contribuir a la comprensión entre todos los cubanos para construir un futuro digno y pacífico.

UNA REFLEXIÓN NECESARIA

Nos hemos dirigido a nuestro pueblo en general, con el cual nos sentimos concernidos en los logros y fracasos, en lo bueno y en lo malo. Nuestro pensamiento se dirige ahora hacia aquellos que fueron llevados a las aguas bautismales y han permanecido fieles a la fe en circunstancias difíciles. Va también nuestro pensamiento hacia los que abandonaron la fe o la práctica de la fe, pero a quienes la Iglesia, que los engendró por el Bautismo, los lleva en su seno con el amor de madre y hacia los que no han recibido el Bautismo, pero están llamados por el Señor a formar, en Cristo, una sola alma y un solo corazón. De estos últimos somos hermanos por razón de linaje humano, por razón de la cubanía que nos hace a todos hijos de esta tierra.

La Iglesia nunca ha estado lejos de este pueblo nuestro. Se quedó con los que se quedaron por muchas que hayan sido las dificultades. Sus templos, a veces llenos, a veces vacíos, han permanecido idénticos, siempre serenos, como testigos solitarios en medio de los pueblos y ciudades, con sus altas torres levantadas hacia el cielo, velando sobre la ciudad, sobre sus casas y sus puertas, como dice la Sagrada Escritura, como signos del amor de Dios que siempre espera, bendice y llama.

Desde allí la voz amorosa de Dios ha seguido llamando con el mismo acento de siempre: «Si tú comprendieras lo que puede traerte la paz» (Lc. 19,41), «Si tu conocieras el don de Dios...» (Jn. 4,10), «Cuantas veces quise cobijarte bajo mis alas, y no quisiste» (Mt. 23,37). Desde allí el Señor nos ha estado diciendo: «Sin mí nada podrán hacer» (Jn. 15,4), «Si el Señor no construye la casa en vano se cansan los albañiles, si el señor no guarda la ciudad en vano vigilan los centinelas» (Sal. 127,1). Es la hora, queridos hermanos, de levantar los ojos del corazón a Dios nuestro Padre, suplicándole la reconciliación entre nosotros, el triunfo del amor y de la paz.

Nosotros conocemos los sufrimientos, a veces innecesarios, acumulados en el corazón de tanta gente que parece que no pueden ya más con su alma sea a causa de los trabajos que pasan para realizar sus labores cotidianas o de las extremas necesidades elementales. Sabemos el dolor que en tantos cubanos han causado los grandes lutos nacionales, como el de los hermanos internacionalistas que murieron en otras tierras o el de los hermanos que siguen muriendo en los mares que rodean nuestra propia tierra. Sabemos del dolor de los presos y de sus familias y el sufrimiento de los que están lejos.

Al escribir este mensaje compartimos la pena de aquellos ancianos afectados, en muchos casos, por las carencias materiales o por la ausencia definitiva de familiares, que hace aún más dura su soledad. Tenemos presente también, a los jóvenes, naturalmente llenos de ilusiones, y que se sienten, a menudo, escépticos y faltos de esperanza.

A todos ustedes queremos decirles una palabra de aliento: que la sensatez pueda triunfar, que la fraternidad puede ser mayor que las barreras levantadas, que el primer cambio que se necesita en Cuba es el de los corazones y nosotros tenemos puesta nuestra esperanza en Dios que puede cambiar los corazones.

SÓLO DIOS ES JUEZ DE LA HISTORIA

Nosotros pensamos que no es conforme al Evangelio la enumeración de los factores negativos con la intención de inculpar a otros. «No juzgues», nos dice el Señor (Mt. 7,1), y a nadie le está permitido juzgar, porque sólo el Señor es juez de vivos y muertos (2 Tim. 4,1), y sólo Él conoce lo que hay en el corazón del hombre.

También, dentro de la comunidad eclesial, sólo Dios conoce el desgarramiento interior de los que optaron por dar la espalda al Señor y a la Iglesia en momentos difíciles, de los que apartaron a sus hijos de la fe católica, de los que quitaron el popular cuadro del Sagrado Corazón o la estampa de la Virgen de la Caridad de sus hogares, como un triste presagio de lo que dice San Agustín: «Cuando uno huye de Cristo, todo huye de uno».

Pero aunque nuestras infidelidades hubieran sido mayores que nuestra lealtades, incluso «si nuestro corazón nos condena, Dios es más grande que nuestro corazón» (I Jn. 3,20). De todo podemos sacar enseñanzas positivas y negativas, así se va tejiendo la vida cristiana hasta que la Iglesia de los pecadores, que somos nosotros, se vaya haciendo en nosotros la Iglesia de los santos. En esta conjunción de culpa y gracia, de luces y sombras, que es el misterio de la Iglesia de Dios, está nuestra salvación.

CONCLUSIÓN

Queridos hermanos y amigos: al terminar este mensaje queremos volver al pensamiento primero que lo inspira y motiva: el de la experiencia universal del amor de Dios. Ese amor que se nos revela en Cristo, pues Él nos manifestó el rostro de Dios, que es el rostro de Jesús crucificado, cuyo corazón abierto en la cruz no se ha cerrado para nadie, incluso para los que lo hemos ofendido. Si Jesús no nos hubiera revelado ninguna otra cosa más que ésta: «Dios es amor» (I Jn. 4,8), eso será suficiente para ser mejores y llenarnos de paz y esperanza. No estamos del todo seguros de que amamos a Dios como Él lo merece, pero sí lo estamos de que Dios nos ama como nosotros no lo merecemos.

Hemos pedido al Señor dirigir este mensaje en su lenguaje de amor, sin lastimar a ninguna persona, aunque cuestionemos sus ideas en diversos aspectos, porque de lo contrario Dios no bendeciría el humilde servicio que queremos prestar a cuantos libremente quieran servirse de él. Lo hacemos con esa ilimitada confianza en el amor de Dios, callado desde el primer día de la creación, pero «trabajando a todas las horas» (Jn. 5,17). Él vela sobre su ciudad (Salmo 127), también sobre Cuba, porque el Señor está con nosotros y quiere para nosotros lo mejor. Él tiene en sus manos, como Señor de la Historia, el corazón de los hombres.

Hablando como pastores de la Iglesia que está en Cuba queremos recordar que la paz es posible porque «Cristo es la paz» (Ef. 2,14), que podemos descubrir la verdad porque «Cristo es el camino» (Jn 14, 6). En fin, que la salvación es posible porque Cristo es nuestra salvación (Lc. 19,9). Confiamos además en nuestro pueblo, al que conocemos bien y que ha mostrado a lo largo de su historia una sorprendente capacidad de recuperación.

Revitalizar la esperanza de los cubanos es un deber de aquellos en cuyas manos está el gobierno y el destino de Cuba y es un deber de la Iglesia que está separada del Estado, como debe ser, pero no de la sociedad. Y esto lo podremos lograr juntos con una gran voluntad de sacrificio, «amando más intensamente y enseñando a amar, con confianza en los hombres, con seguridad en la ayuda paterna de Dios y en la fuerza innata del bien». Como decía Pablo VI.

La Virgen de la Caridad, Patrona de Cuba, Madre de todos los cubanos, que sabe cuánto la necesitamos sus hijos, nos ayude con su bendición. «Y en toda ocasión, en la oración y en la súplica, nuestras peticiones sean presentadas a Dios. Y la paz de Dios que es más grande de lo que podemos comprender, guarde nuestros corazones y nuestros pensamientos en Cristo Jesús» (Flp. 4,6-7).

Con nuestro cordial y fraterno afecto en el Señor.

La Habana 8 de septiembre de 1993.

✞ Jaime, Arzobispo de La Habana y Presidente de la COCC.
✞ Pedro, Arzobispo de Santiago de Cuba.
✞ Adolfo, Obispo de Cienfuegos-Santa Clara
✞ Héctor, Obispo de Holguín
✞ José Siro, Obispo de Pinar del Río
✞ Mariano, Obispo de Matanzas
✞ Emilio, Obispo Auxiliar de Cienfuegos-Santa Clara
✞ Alfredo, Obispo Auxiliar de La Habana
✞ Mario, Obispo Auxiliar de Camagüey
✞ Carlos, Obispo Auxiliar de La Habana

Salir de Cuba[8]

En la homilía del día primero de enero, en la Iglesia Catedral de La Habana, al inaugurarse el Año Internacional de la Familia, decía que en estas tres últimas décadas la familia cubana está marcada por la separación de sus miembros a causa de la salida del país de una parte de los mismos. Es cierto también que hay familias que se han marchado con todos sus integrantes los cuales, generalmente, han podido reunirse en el extranjero en forma sucesiva, pero el número de los que no han alcanzado ese objetivo es alto. Lógicamente, pues, mucho se ha hablado en estos años de la reunificación familiar, pensando en quienes han quedado en Cuba separados de sus familiares cercanos. Sin embargo, a medida que pasa el tiempo la reunificación familiar parece convertirse cada vez más en un sueño irrealizable. Es muy alto el número de cubanos residentes en el extranjero con familiares cercanos en Cuba. Por otro lado, el tiempo complica naturalmente la historia familiar y se producen casamientos y nuevos nacimientos que amplían el número de los allegados en una proporción notable, creándose así una cadena, cuyos eslabones no cesan de multiplicarse y que parece no tener fin.

Están, además, los que no tienen ningún familiar cercano en el extranjero, pero desean abandonar el país. Unos y otros buscan todos los medios posibles, para hacerlo: visas por terceros países, viajes de visita a familiares en Estados Unidos sin retorno a Cuba, estancias de trabajo o estudio que se vuelven interminables e implican, de hecho, una especie de emigración y la temeraria decisión de atravesar en balsas, pobremente construidas, el Estrecho de la Florida, poniendo en peligro la vida exacto de muertos en este empeño. Algunos calculan que la cuarta parte, o aun la tercera de los que se lanzan al mar, muere en el intento. Si el año pasado llegaron a la Florida por esta vía unos tres mil cubanos, ¿cuántos perecieron en esa terrible aventura? La salida del país constituye un drama real en la historia cubana contemporánea.

No es mi propósito emitir juicios y señalar responsabilidades, sino hacer un llamado a las conciencias y a los corazones para enfocar esta

---

[8] Mons. Jaime Ortega Alamino: «Aqui la Iglesia». Boletin No. 50 — Marzo de 1994 — La Voz del Obispo.

situación con verdadera sensibilidad que nos lleve a todos a la reflexión y a la oración.

Las posturas históricas ante la salida de los cubanos del país han sido fundamentalmente dos: la condena indiscriminada de todo el que se va o la alegría en quienes se marchan y en algunos de sus familiares, amigos u otros que comparten la misma ilusión de salir del país. Pero, ¿no habrá otro sentimiento más hondo que pueda ser compartido por todos los cubanos, tanto por los que tradicionalmente se indignaban y aun proferían insultos contra quienes se iban, como por los que han mostrado una alegría un tanto superficial ante el propósito logrado de irse de Cuba? Sí, existe un sentimiento verdadero que siempre ha estado presente y que poco se ha expresado: el dolor. Dolor en quienes se van por abandonar su tierra y su gente, dolor en quienes se quedan, porque el país se empobrece al perder sus hijos. Dolor porque se nos va el médico amigo, el artista o el deportista que seguíamos en sus éxitos, dolor por el escritor destacado, por el pintor preferido, o por el vecino de tantos años que era como de la familia, por el amigo con quien jugamos de niños o por los ancianos que quedan más solos aún, pendientes, de ahora en adelante, de las noticias de sus hijos y nietos.

Es verdad que este dolor siempre ha existido en quienes se van y en quienes se quedan, pero ha sido acallado, disimulado, sea por una alegría superficial y hasta chocante en algunos casos o enmascarado por una furia insana en otros. Pero es la hora de dejar esos disimulos, de quitarnos las máscaras y de decir bien alto que la partida del país de tantos cubanos es un dolor, a menudo personal y cercano, en ocasiones profundo, pero es también, sobre todo, un sufrimiento comunitario, compartido, es el dolor de la Patria que se queda sin sus hijos.

Aun si algunos de ellos fueran díscolos o menos amorosos, la Patria, como una gran familia, debe ser capaz de cargar con todos sus hijos y congregarlos en el amor. Esa es la Patria «con todos y para el bien de todos» con la que soñara Martí; sueño todavía no alcanzado, pero irrenunciable por justo y verdadero. Dejemos que estos sentimientos altos y nobles se abran paso, derribando cortezas artificiales que no expresan nuestro real sentir.

En estos días de Semana Santa, la Cruz en la que fue clavado Nuestro Señor Jesucristo se alza ante nosotros como expresión viva del sufrimiento redentor. El Salvador escogió, para salvar, el camino del dolor. Ningún otro camino hubiera podido ser redentor. En la gama de los sentimientos humanos, la ira, el cinismo, la indiferencia, la venganza o la ambición, no redimen. Redimen la compasión, la comprensión, la misericordia y éstas no pueden darse sin amor y sacrificio, sin una dosis de dolor, aceptado y compartido. A la Patria se le sirve también sufriendo por ella, porque el dolor es redentor.

Por esa misma cruz del Señor, en estos días sagrados en que celebrarnos la muerte y Resurrección de Jesucristo, el Hijo de Dios vivo, quiero hacer una súplica a aquellos que arriesgan sus vidas lanzándose al mar, especialmente a los jóvenes, para que no cedan a la tentación de correr esa suerte. La vida es un don de Dios y no debe ser arriesgada sino por razones muy poderosas, como salvar otra vida. No dejen en los corazones de sus madres, padres, hermanos y amigos un sufrimiento irreparable. Que no haya ninguna madre que arriesgue la vida de su hijo pequeño en una acción tan peligrosa. Aprendamos, en fin, a pensar y sentir en esa clave humana que es capaz de transformarnos a todos cuando encontramos lo mejor de nosotros mismos.

Con mi bendición y mi oración porque tengan ustedes una Feliz Pascua de Resurrección.

☦ Jaime, Obispo

DECLARACIÓN DEL COMITÉ PERMANENTE DE LA CONFERENCIA DE OBISPOS CATÓLICOS DE CUBA.

Jesucristo, Principio y Fin de la Historia, constituye la fuente de nuestra paz y de nuestra esperanza, aquélla de la cual queremos ser testigos para nuestro pueblo en la hora presente.

Un tema recurrente desde la década del sesenta vuelve a preocupar a muchas personas y a un crecido número de familias cubanas, de Cuba o del extranjero: el deseo o el propósito de salir del país de muchos compatriotas nuestros.

El pasado año, durante los meses de verano, se produjo un éxodo masivo de cubanos por vía marítima, el tercero en las tres décadas del período revolucionario, aunque de forma constante ha habido grupos de cubanos que han abandonado su tierra natal por esta vía.

Bien conocido es de todos cómo los Obispos cubanos hemos reprobado, en repetidas ocasiones, ese modo riesgoso de salir de nuestro país, que tanta muerte y dolor ha traído a la familia cubana de los dos lados del estrecho de la Florida.

Con respecto a estas travesías, nunca hemos aprobado ni el estímulo propagandístico que llega desde fuera, alentando tales viajes, ni las periódicas etapas de permisividad que se han producido en Cuba para ese arriesgado cruce del mar, el cual, por otra parte, ha generado tanta ruptura y separación familiar en forma abrupta e impensada. En la mayoría de los casos las estrategias cruzadas entre los gobiernos de Cuba y Estados Unidos atraparon en sus redes a hombres y mujeres concretos y sus familias, quienes en ocasiones pagaron con años de cárcel sus intentos y en otras fueron alentados o autorizados a esta aventura, pereciendo no pocos en ella, mientras otros lograban su propósito. El episodio más dramático de este largo víacrucis migratorio ha sido el confinamiento en Guantánamo, con caracteristicas punitivas, de miles de cubanos en condiciones precarias sin desconocer que, a lo largo de estos años, quienes han deseado emigrar han padecido, entre otras consecuencias, la pérdida de sus empleos, la obligación de trabajos agrícolas, la confiscación de sus bienes y los dolorosos actos de repudio.

Ahora se ha logrado un acuerdo entre Cuba y Estados Unidos. Objetivamente, lo que se conoce de este acuerdo puede considerarse positivo, si se mira a sus fines humanitarios, entre ellos permitir la entrada en Estados Unidos a la mayoría de los retenidos en Guantánamo. Si este instrumento legal es cumplimentado debidamente por ambas partes puede tener efectos deseables en la salvaguarda de vidas humanas. Se hace necesario, sin embargo, repetir nuestra petición de que se aborden, en futuras conversaciones, algunas de las causas más profundas de la emigración cubana. El hecho de haber podido alcanzar este entendimiento en un tema tan controvertido aconseja que se traten también directamente otros temas de difícil solución.

Se impone, además, una seria reflexión sobre el acuerdo recientemente establecido. Treinta y cinco años de historia, en los cuales sucesiva o simultáneamente un pueblo, desde un lado y del otro del estrecho de la Florida, ha sido alentado, castigado, impulsado o frenado, en relación con esa desesperada aventura de lanzarse al mar, contribuyen a hacer a la gente incapaz de un juicio objetivo y sereno sobre este asunto, porque todo criterio de discernimiento debe fundarse sobre la verdad y ésta no puede ser variable o circunstancial. De este modo naufraga aún la misma capacidad ética del hombre.

Así, aunque prevalezca el derecho de un país a admitir o no a ciudadanos de otros países en su propio suelo, la deportación de los cubanos llegados ilegalmente a Estados Unidos reviste, además de las dificultades que pueda plantear el derecho de gentes, un aspecto traumático, pues la subjetividad del pueblo cubano de aquí y de fuera no ha sido orientada por criterios de bien y de verdad en relación con este tema, sino llevada y traída por los vaivenes de la política y las ansias desenfrenadas de emigrar. Esa subjetividad es, no obstante, de mucha importancia para la creación de estados de opinión. Ella es la que decide lo que gusta o no gusta, la que entusiasma o desalienta a los pueblos.

A la hora de tomar estos acuerdos, los gobiernos de Estados Unidos y Cuba han debido tener muy en cuenta que esas nuevas normas son de muy difícil comprensión por parte de los cubanos de aquí y de la diáspora, pues a través de los años, ninguno de los dos países preparó con políticas claras y consistentes las mentes y conciencias de los cubanos con relación a este tema.

Es significativo, además, que la administración norteamericana tome una decisión tan seria en los momentos en los que está por aprobarse un reforzamiento del bloqueo o embargo, que tendrá como una de sus consecuencias normales, en caso de poder aplicarse, hacer crecer la inquietud interna en nuestro país. Los Obispos desde el año 1969 hemos reiterado nuestra desaprobación a estas medidas. La sensibilidad actual de los pueblos y la razón iluminada por un sentido alto de humanidad deben presentar otras opciones positivas para superar las situaciones críticas, que no incluyan un aumento en el sufrimiento de la gente ni en el riesgo de violencia ante la desesperación.

El efecto de las sanciones económicas son sólo parte del problema migratorio cubano, que es muy complejo y no podrá resolverse únicamente con medidas de control, sino que debe ser analizado sin cortapisas en sus causas profundas. También debe llevarse la reflexión sobre este tema al seno mismo de la comunidad nacional para encontrar caminos de superación a esta crisis, una de las más serias que enfrenta la nación cubana. Ahora se detendrán seguramente las salidas incontroladas por vía marítima y se eliminarán así los riesgos, ya apuntados, para la vida humana, pero no desaparece, sino crece, el deseo de abandonar el país en amplios sectores de la población cubana, incluyendo a los jóvenes.

Hay una característica peculiar en la emigración de los cubanos. No son braceros los que integran la inmensa mayoría de los potenciales emigrantes; son profesionales, médicos, profesores universitarios, artistas, escritores, ingenieros, jóvenes estudiantes; son los constructores y futuros constructores de la sociedad.

¿Qué ha pasado en Cuba? Hay evidentemente una crisis económica y en esas situaciones muchos desean encontrar una vía rápida de mejorar sus condiciones de vida, pero hay algo más preocupante aún, que se manifiesta sobre todo en los sectores pensantes: existe un descontento, que aunque no fuera primordialmente político, sí puede incluirlo. Es un tipo de descontento existencial. Mucha gente no se identifica con el modelo de vida que se ha generado en Cuba y, aún más, grandes sectores de la sociedad no encuentran cuáles son los perfiles de ese modelo y se limitan a vivir día a día.

En la estructura de un modelo social hay que cuidar la subjetividad: los gustos personales, las iniciativas y diversidades propias o de grupo, sea de amigos, de compañeros de estudio o de trabajo. Es necesario también dejar espacio al ámbito familiar y crear un clima que favorezca la unidad, la cohesión y la actividad propia de la familia para ayudar a sus miembros a alcanzar su realización personal y para que la familia como tal alcance sus propios fines. Estas actitudes y acciones no pueden reemplazarse por ningún otro plan.

La igualdad fundamental de todo hombre y mujer, de cualquier condición, sea joven o viejo, enfermo o sano, productivo o improductivo, basada en la dignidad intrínseca de la persona humana, creada por Dios a su semejanza, no equivale al «igualitarismo», que es una nivelación artificial que considera en el mismo plano, con respecto a estilos de trabajo, descanso y remuneración, al médico que salva la vida de un paciente en una operación de corazón abierto que al operador de maquinaria en una fábrica textil.

Cuando sucede esto los sectores más inquietos y creativos de la sociedad, sus constructores, no se sienten valorados y viven así en perenne desaliento. Buscan entonces contratos de trabajo en cualquier país, se van y no regresan. No eran desempleados en Cuba y eran a menudo los mejores en sus empleos, pero estaban inconformes.

El escritor, el artista, el creador, el hombre emprendedor con habilidades técnicas, comerciales, o aun científicas, busca, además de una remuneración acorde con sus esfuerzos y producciones, de la cual pueda disponer libremente, un campo abierto a su creatividad y a sus posibilidades. Pero encuentra casi siempre límites y dificultades. Se trata aquí de ese otro «bloqueo» interno que también genera desánimo, del cual muchos quieren librarse yéndose de Cuba.

Si el descontento es lo propio en la esfera de lo personal-familiar, en lo social-nacional tiende a prevalecer en estos sectores, tan amplios y de vital importancia para la marcha del país, un sentimiento de decepción y de desesperanza. La esperanza se concreta y se articula en un proyecto común. Sin proyecto no hay esperanza. Todo proyecto se nutre del pasado, se afianza en el presente y, fundamentalmente, mira hacia el futuro.

Nuestro pasado es rico en experiencias históricas, en heroísmo y en pensamiento. Como exponentes de un proyecto nacional fundado en la ética y en el amor, nos basta citar, entre otros, al Padre Félix Varela y al apóstol y artífice de nuestra independencia, José Martí. Ellos se ocuparon mucho y preferentemente del alma nacional.

«Hay eso, que no se ve y existe, y está en el aire, y se hace voz en el orador, y brazo en el militar, y genio en el financiero. De los muertos se hace, de las ideas invisibles, de las virtudes silenciosas. Con eso, se vence; sin eso, no vence nadie. El conquistador más poderoso triunfa si lo guía, y es bronce vivo; o desaparece si lo desdeña; como el humo, como la paja. Hay el alma de la Patria». (José Martí. Carta al Director de La Nación, Nueva York, Enero 10 de 1890).

Es impresionante cómo trabajaron aquellos fundadores en las bases espirituales donde se asienta la nación. No nos falta, pues, esa savia que viniendo de la raíz es capaz de vivificar el cuerpo social. Pero el presente es responsabilidad nuestra. Y es justamente el alma nacional la que necesita rehacerse en esta hora.

Para ello todos tienen que saberse convocados. Lo mismo para la actividad económica que hoy se diversifica, que para la creación artística o el quehacer científico. Aquellos que hemos llamado constructores de la sociedad, por sus responsabilidades en el campo técnico y profesional u otras, deben sentirse valorados y la participación de todos debe generar el interés. Algunas metas precisas, donde la gran mayoría se sienta implicada, sobre todo los sectores más inquietos y creativos de la sociedad, deben devolver a muchos hermanos nuestros entusiasmo, alegria y esperanza, que son actitudes espirituales indispensables para enfrentar las situaciones críticas.

No propone la Iglesia un proyecto económico o político, aunque hay laicos católicos que se adhieren a algún proyecto y lo proponen personalmente, con todo derecho, mirando al futuro. Pero al decir aquí nosotros «proyecto» nos referimos a un estilo de vida que permita a los cubanos experimentar cierta felicidad personal en el seno de sus familias y en la sociedad.

La crisis económica, el descontento y la desesperanza pueden sumarse y obnubilar los valores patrios, el amor a la tierra que nos vio nacer. Es hora de ayudar a los cubanos a reforzar los amores y valores que los atan a esta tierra, no con frases acuñadas, ni alusiones románticas, sino facilitando las condiciones que lleven al hombre y a la mujer concretos a sentirse un poco felices de vivir aquí, a pesar de las dificultades y carencias, que ellos mismos contribuirán a superar si se sienten partícipes de un proyecto definido y abierto a todos.

Si no es así, seguirá creciendo no sólo el número, sino la calidad profesional y humana de los que desean partir y esto añadirá dificultades aún mayores a la recuperación del país, porque la riqueza más grande que tiene Cuba es su pueblo y de este modo esa riqueza puede desgastarse o perderse. Diez mil visas generan cien mil «esperanzas», aplazadas largamente algunas y fallidas muchas de ellas. Pero todo el que ha decidido irse va quedando al margen del acontecer comunitario, viviendo una especie de exilio interno. Este estado de cosas, que puede comprometer también el futuro, es un gran dolor de la Patria.

También con dolor la Iglesia ve partir continuamente a católicos que han mantenido un serio compromiso eclesial, con plena fidelidad a la Patria, aún en períodos de discriminación o exclusiones de los creyentes y ahora, además, experimentan una especie de cansancio y en muchas ocasiones son empujados por sus hijos, que no aceptan la opción que hicieron sus padres de permanecer en Cuba. Este sentimiento está muy extendido en la nueva generación y es también causa de dolor y preocupación.

Queridos católicos: si alguien puede contribuir a salvar el alma de la Patria es el creyente en Jesucristo. Los valores del espíritu tienen para nosotros la primacía. Si es necesario que se forje un proyecto de vida que anime al cubano y lo haga mirar con esperanza al futuro, nosotros debemos ser profetas y partícipes en la gestación y puesta en práctica de ese proyecto que no se escribe en códigos, sino en los corazones de nuestros hermanos. Hay una Esperanza que no defrauda, pues se apoya en Cristo Resucitado, vencedor de la muerte y del mal. «Porque si Jesús murió y resucitó no queremos que ustedes vivan como aquellos que no tienen esperanza» (I Tesalonicenses 4, 13).

Una vez más pedimos a la Virgen Madre del Señor, la Virgen de la Caridad, que cubra con su manto maternal a Cuba y llene a sus hijos de amor a Cristo y a la Patria. Es una hora grave de nuestra historia, Cuba necesita a sus mejores hijos y todos estamos llamados en la Iglesia, especialmente en este tiempo, a ser testigos de la esperanza.

Por la Conferencia de Obispos Católicos de Cuba,

EL COMITÉ PERMANENTE

- ✞ JAIME CARDENAL ORTEGA, Arzobispo de la Habana, Presidente de la COCC.
- ✞ PEDRO, Arzobispo de Santiago de Cuba, Vice Presidente de la COCC.
- ✞ ADOLFO, Obispo de Camaguey.
- ✞ EMILIO, Obispo Electo de Cienfuegos, Secretario General de la COCC.

La Habana, 16 de mayo de 1995.

DÉMONOS FRATERNALMENTE LA PAZ

A los católicos y a todos los cubanos de buena voluntad:

Muy próxima ya la visita a nuestra patria de Su Santidad el Papa Juan Pablo II que tendrá lugar, Dios mediante, del 21 al 25 de enero de 1998, a los obispos cubanos nos ha parecido necesario, al concluir nuestra Asamblea Plenaria, compartir con ustedes algunas reflexiones sobre el significado y el extraordinario alcance de esta ansiada visita.

Indiscutiblemente, la visita de Juan Pablo II a Cuba, en el vigésimo año de su pontificado, se va convirtiendo en lo que ya muchos empiezan a llamar, dentro y fuera del país, el acontecimiento más importante que nuestra nación vivirá en estos últimos años y uno de los más significativos de su historia, las expectativas crecen a medida que se acerca la fecha de la llegada a nuestra tierra del Papa misionero. Por este motivo los ojos del mundo están puestos en esta isla del Caribe y lo estarán con mayor atención aún durante los cinco días de esta visita. Junto a la expectación que suscita este acontecimiento, aumentan también las conjeturas sobre el mismo.¡Cuántos cubanos y extranjeros emiten diversas versiones referentes al significado de la presencia del Papa en este país que tiene características políticas, económicas y sociales bien marcadas y que lo distinguen del resto del continente americano y del mundo! ¿Qué dirá el Papa en Cuba? Esta pregunta y otras por el estilo las escuchamos a diario en todas partes.

Desde que se anunció esta visita quedó fijado el contenido central de la misma: Juan Pablo II vendrá como mensajero de la Verdad y la Esperanza. Todo cuanto él nos enseñe durante esos históricos días que estará con nosotros es preciso encuadrarlo dentro de esa afirmación; si no, quizás equivoquemos el motivo de la visita del Sumo Pontífice a Cuba, la cual es de carácter eminentemente religioso.

Juan Pablo II llegará a Cuba en uno de los momentos más difíciles de nuestra historia. La situación política, social y económica en los años finales del siglo XX, tal como lo hemos analizado en nuestro magisterio episcopal de los últimos años, incide en las características de la visita papal y en el quehacer futuro de la Iglesia Católica en Cuba. Justamente, para mirar con confianza hacia el futuro, los cubanos nos aprestamos a recibir al que viene como Mensajero de la Esperanza.

La esperanza cristiana no está reservada exclusivamente al más allá. Comienza a construirse aquí, en esta vida y en este mundo y encuentra su plenitud cuando se hagan realidad las dos últimas verdades que profesamos en el Credo: «Espero la resurrección de los muertos y la vida del mundo futuro». Estas dos verdades se hallan enraizadas en la causa que las produce: la segunda Venida de Nuestro Señor Jesucristo. Los cristianos no nos encontramos desorientados, pues tenemos una esperanza cierta hacia donde dirigimos toda nuestra vida: «el encuentro animoso con Cristo, que viene, para ser colocados ese día a su derecha y merecer poseer el Reino eterno» (Primer Domingo de Adviento).

Sin embargo, por esperar «unos cielos nuevos y una tierra nueva» (Apoc. 2 1, l) los cristianos sabemos que la esperanza es necesario comenzar a construirla en este mundo. Por ello se hacen más apremiantes las palabras de Juan Pablo II cuando inició su pontificado: «Abran las puertas de par en par a Jesucristo»'. Para vivir la esperanza cristiana es necesario abrir las puertas de nuestros corazones a Jesucristo en nuestras familias y en todo los ambientes donde desarrollamos nuestra existencia. Abrir las puertas a Cristo no es un simple sentimiento subjetivo sin ningún compromiso con las realidades terrenas. El «abrir las puertas» significa conversión, es decir, transformación de la vida, y ésta debe ser personal y comunitaria. Cuando la conversión se vive exclusivamente de modo individual es incompleta; se halla mutilada. La esperanza cristiana y la apertura de todas las puertas a Cristo están indisolublemente unidas.

Tal realidad nos conduce al sujeto de la esperanza: el hombre. Este es el único ser de la creación capaz de esperar. Por el hecho de que la esperanza comienza a construirse en este mundo puede comprenderse fácilmente lo enunciado por Juan Pablo II en su primera encíclica «Redemptor hominis» (1979): «el camino de la Iglesia es el hombre». Así pues, el hombre se convierte en la preocupación constante de la misión de la Iglesia. Si la Iglesia no tuviese en cuenta esta verdad fundamental perdería la razón de su existencia, que es la de ser Sacramento Universal de Salvación para los hombres.

Junto a la verdad sobre Jesucristo y sobre ella misma, la Iglesia debe anunciar la verdad sobre el hombre, la cual no se reduce a un conjunto de nociones antropológicas y teológicas acerca del mismo, sino que, además, es una acción clara y sostenida por «la promoción de todos los hombres y de todo el hombre» (Populorum Progressio, 14). Por consiguiente, en el hombre, como misión de la Iglesia, se articula el doble mensaje de Juan Pablo II para Cuba: la verdad y la esperanza. El Papa viene a anunciar al cubano de hoy la verdad sobre Jesucristo y sobre el mismo hombre, a fin de que éste pueda tener esperanza.

La bimilenaria Iglesia de Jesucristo es «experta en humanidad». Ella, en cualquier lugar donde realiza su labor, por la misma índole de su misión, conoce el corazón del hombre. Nuestra Iglesia está a punto de concluir la misión preparatoria a la visita del Papa que se está llevando a cabo en las diez diócesis de Cuba. La Virgen de la Caridad ha convocado a sus hijos para escuchar las Palabras de Jesucristo. Éstos acuden gustosamente al llamado de la Madre. Una vez más, como ha sucedido desde la visita a su prima Isabel, María Santísima, que es la primera cristiana, se ha convertido en la primera misionera de la Iglesia.

De mil maneras y por innumerables personas, la misión de la Iglesia ha sido acogida en nuestro pueblo, que profesa en su mayoría, y de diversos modos, su fe en Dios y su devoción a la Virgen de la Caridad. Múltiples obras e iniciativas en las distintas diócesis, parroquias y barrios nos han hablado en estos días del aprecio que el pueblo cubano siente por la persona del Papa. Asimismo, hemos comprobado cómo la Iglesia tiene una credibilidad y capacidad de convocatoria que la mantiene en el corazón del pueblo, del cual forma parte entrañable. Esto le permite servir mejor y a mayor número de hijos, lo cual reclama la necesidad de nuevos espacios y nuevos medios para realizar su misión.

Varias lecciones debemos sacar de la reciente misión. La primera de ellas es que la Iglesia en Cuba está llamada a animar la esperanza del pueblo ante el futuro. El desaliento que muestran muchas personas se convierte en una profunda llamada a la evangelización. El hombre que se esfuerza en vivir el Evangelio encuentra motivos, desde su fe en Jesucristo, para enfrentar la vida con esperanza. Pero la esperanza no es un mensaje ilusorio que adormece al hombre sin ofrecerle razones palpables para alcanzarla. La esperanza debe contar con elementos objetivos que encuentran su mejor expresión en la promoción humana.

La IV Conferencia General del Episcopado Latinoamericano coloca como primer elemento de la promoción humana el desarrollo y la salvaguarda de los derechos del hombre (Sto. Domingo n. 164-168). Si no se trabaja en esta perspectiva no se puede hablar al hombre correctamente de esperanza. Como muy bien indicó el II ENEC (1996), el fin de la evangelización es la promoción integral de la persona humana.

En efecto, el hombre es una unidad de cuerpo y alma. A través de su cuerpo se relaciona con el mundo que lo rodea, y de modo especial con los demás hombres. Esto evidencia la dimensión social del ser humano (G.S. 34.39). Todo el hombre, alma y cuerpo, en su dimensión social está llamado a la promoción humana. De ahí que sea erróneo pensar en una evangelización solamente espiritual, pues no abarcarla la realidad completa del ser humano.

Por consiguiente, la evangelización incluye la promoción humana y la construcción de las realidades de este mundo. La Iglesia está llamada a preocuparse por ese orden en nuestra patria. Es parte de su misión. La vida personal, familiar, matrimonial, laboral, científica, técnica, económica, artística, deportiva y política constituyen el orden temporal. Estas realidades no se rigen por leyes ciegas y exclusivamente autónomas que se desarrollan al margen de la ética. Como realidades humanas que son, tienen por sujeto y objeto al hombre y, por ende, necesitan de la orientación ética. Si se prescinde de ésta, el hombre puede resultar disminuido, manipulado e, incluso, deshumanizado. La ética proporciona a las diferentes realidades temporales la jerarquía de valores en la cual el hombre es siempre fin y nunca medio (cf. Mc. 2,27).

En nuestro país se habla con frecuencia de recuperar los valores éticos del cubano, de ir a nuestras raíces. Nos alegra que esta constatación esté en las mentes de muchos, sin embargo, no basta con decirlo, urge la ejecución de vías reales para lograrlo. La Iglesia, desde la ética cristiana, está dispuesta a contribuir en esta obra promocional del cubano, porque sabe que cuando evangeliza trabaja por la defensa de toda vida humana, la libertad, la igualdad, la justicia social y demás derechos humanos. De este modo promueve los valores éticos que facilitan el mejoramiento del hombre. El Siervo de Dios Padre Félix Varela nos recordará que «no hay patria sin virtud».

Sin embargo, la evangelización no se reduce a la promoción humana y al desarrollo del orden temporal, ya que la vocación del hombre es también sobrenatural. Somos diferentes al resto de las criaturas porque nos relacionamos con Dios. En la tierra, el hombre es la única criatura que Dios ha querido por sí misma (C.A. 1 l). La vocación sobrenatural del hombre no es un añadido a su ser, y en esta esfera desempeña la Iglesia la misión que le es más propia. Para cumplir esta misión en Cuba es necesario que la Iglesia cuente con los medios y espacios indispensables que le permitan predicar abiertamente a Jesucristo. Esta es una dimensión esencial de la libertad religiosa.

No debe confundirse libertad de culto con libertad religiosa. Esta implica el reconocimiento de la acción de la Iglesia en la sociedad y no limitada al libre ejercicio del culto. Junto a la actividad cultural, la Iglesia en Cuba tiene una misión profética y caritativa. Al respecto el Documento Final del ENEC nos dice: «La fe cristiana, que no es una ideología en sí misma, puede vivirse en cualquier sistema político o proceso histórico sin identificarse necesaria y totalmente con ninguno de ellos. La Iglesia no puede renunciar a dar su colaboración para mejorar los diferentes proyectos sociales que vayan encaminados al bien común, como tampoco a ejercer su misión crítico-profética frente a las realidades históricas concretas» (n. 419).

En los actuales momentos que vive la nación, la Iglesia percibe de manera especial su vocación a la fraternidad, a fin de promover la reconciliación entre todos los hijos de la nación cubana. Para eso siempre convocará, sin distinción alguna, a todos los cubanos.

Queridos hermanos, hemos compartido con ustedes algunas de nuestras reflexiones ante la cercanía de la visita del Papa Juan Pablo II. Sabemos que todos se preguntan por los frutos de esta visita. Estamos convencidos de que la visita del Santo Padre será como el paso de Jesucristo por la historia de nuestra Iglesia y de nuestra Patria. Este será el primero y más fundamental de todos los frutos. Pero estos podrán cosecharse con plenitud en la medida que la Iglesia pueda cada vez más:

1. Predicar abiertamente a Jesucristo.
2. Animar la esperanza del pueblo ante el futuro.
3. Ayudar a la recuperación de los valores éticos personales, familiares y sociales.
4. Ver reconocido su papel positivo en la sociedad con su triple misión cultural, profética y de servicio promocional.
5. Promover la reconciliación entre todos los cubanos.

Estos elementos podrán ser captados por el pueblo cubano como semillas de esperanza en el futuro, al tiempo que los descubra como realidades palpables en la misión de la Iglesia Católica en Cuba. Esto se alcanzará en la medida que la Iglesia pueda contar con un espacio de mayor libertad para su misión, y de esta forma aportar su contribución al progreso y beneficio del pueblo cubano, que es uno de sus mayores deseos.

La Navidad nos trae este año el regalo de la visita del Papa. Nuestro pueblo ha puesto en esa visita muchas de sus esperanzas. ¡Qué Dios, por los ruegos de la Virgen de la Caridad del Cobre, a quien Juan Pablo II coronará como Reina y Madre de Cuba, nos lo conceda!. Pidamos para que la visita del Santo Padre sea el inicio de lo que es una de las mayores esperanzas: que todos los cubanos podamos darnos fraternalmente la paz.

OBISPOS CATÓLICOS DE CUBA.
La Habana, 1ro. de noviembre de 1997.
Solemnidad de Todos los Santos.

Comparecencia del Excmo. Sr. Cardenal Jaime Ortega y Alamino, ante las cámaras de la televisión cubana, el martes 13 de enero de 1998 a las 10:00 p.m. con motivo de la visita del Santo Padre a Cuba.

Periodista Martínez Pires:

>El canal Cubavisión de la Televisión cubana les presenta una comparecencia en vivo del Arzobispo de La Habana, Presidente de la Conferencia de Obispos Católicos de Cuba, el Cardenal Jaime Ortega Alamino.

Buenas Noches, le escuchamos Cardenal.

Cardenal:
Buenas Noches periodista Martínez Pires, gracias a usted, gracias a la televisión cubana, gracias porque esta visita del Papa Juan Pablo II a Cuba me da la oportunidad de dirigirme a ustedes, queridos hermanos y hermanas, permítanme que los llame así como acostumbro hacerlo cada vez que voy a dirigir la palabra aquellos que se reúnen el domingo para la celebración de la misa o en cualquier ocasión en que tengo la oportunidad de encontrarme con ellos.

Hermanos y hermanas, porque todos los cubanos podemos sentirnos miembros de una gran familia. Claro que yo no vengo a anunciarles la visita del Papa Juan Pablo II; esta noticia es muy conocida, su visita es esperada, es tema de conversación en las calles la visita de Juan Pablo II, y de todos sus viajes al mundo, y próximamente lo es y así lo entiendo, para los cristianos, sino para los hombres de buena voluntad que se dispongan a recibir el mensaje que el Papa nos va a dar.

Quizás para esto tendríamos que remontarnos a más de 2000 años atrás cuando el Señor, allá en la ciudad de Cesarea de Filipo en los límites de Galilea al norte se dirigió un día a ese grupo de discípulos que él había nucleado a su alrededor y le preguntó a ellos: «¿Quién dice la gente que yo soy?» Comenzaron entonces cada uno a contestar según lo que habían recogido en sus medios habituales: «Unos dicen que tú eres el profeta Elías que ha vuelto a la tierra, o que tú eres un gran profeta». Entonces Él les hace una pregunta directa, dirigidas a ellos: «Y ustedes ¿quién dicen que soy yo?»

Simón tomando la palabra responde: «Tú eres el Cristo, el Hijo de Dios vivo y él le responde: «Dichoso tú, Simón, Hijo de Juan porque esto no te lo ha relevado nadie de carne y hueso sino mi Padre que está en el cielo y yo te digo a ti que tú eres Pedro que significa 'piedra' y sobre esta piedra edificaré mi iglesia y el poder del mal no la derrotará y a ti a ti te doy las llaves del reino de los cielos».

Ese es el momento que explica aunque parezca distante en el tiempo, el momento que nos aprestamos a vivir los cubanos en breves días. La respuesta de Pedro a Jesús, «Tú eres el Cristo y el Hijo de Dios vivo», esa respuesta le valió que fuera tomado, seleccionado como guía de todo el grupo apostólico y de la Iglesia de parte del Señor; y desde Pedro hasta hoy, una cadena ininterrumpida de casi 2000 años ésa ha sido la misión que ha tenido siempre el sucesor de Pedro, así llamamos al Papa. El Obispo de Roma es el sucesor de Pedro y es el que tiene la misión de decirle al mundo entero que Jesucristo es el Hijo de Dios.

A esto viene el Papa a Cuba; viene a cumplir con la misión que el Señor le encomendó a Pedro y a todos sus sucesores, a anunciar al mundo a Jesucristo el Hijo de Dios vivo. Antes de su venida, en el mensaje que el Papa Juan Pablo II nos dirigió al pueblo cubano difundido por la radio, por la televisión, por la prensa que muchos de ustedes, la gran mayoría, han escuchado, han leído. En este mensaje el Papa nos decía dada la cercanía de la Navidad que la fiesta de Navidad era tal porque celebrábamos el nacimiento del Hijo de Dios hecho Hombre.

Esa es la noticia que el Papa siempre debe comunicar, y ustedes me preguntarán, «bueno, ¿pero que importancia puede tener para nosotros cubanos que el Papa nos venga a decir que Jesucristo es el Hijo de Dios hecho hombre?» Habrá muchos que ya lo creen y para ellos no será una noticia nueva, habrá otros que quizás no lo aceptan y pudieran aceptarlo pero ¿qué fuerza, dónde ve, usted, la fundamentalidad, la esencialidad de esta noticia que el Papa nos quiere dar? Piense en esta misma frase: Jesucristo es el Hijo de Dios hecho hombre. Hay dos afirmaciones en ella que contienen los dos elementos de una verdad, la grandeza del Dios que se inclinó hasta nosotros, hasta el ser humano y la grandeza del hombre hasta el punto de que Dios haya venido a estar con nosotros para hacerse parte de nuestra humanidad. Si la noticia en sí misma nos parece ya conocida sus consecuencias tienen un valor inapreciable para el creyente y para el no creyente y para todo aquel que se decida a aceptar el mensaje de Jesucristo porque es la dignidad del hombre la que queda exaltada en esta visión de la humanidad en el seno de la cual viene el mismo Dios a compartir nuestra suerte.

Ya en el antiguo testamento siglos antes de Jesucristo hay una hermosa reflexión acerca de Dios y del hombre; en el Salmo 8 la encontramos: «Señor, Dios nuestro qué admirable es Tu nombre en toda la tierra. Cuando contemplo el cielo y las estrellas, la luna que has creado Qué es el hombre para que te acuerdes de él, el ser humano para darle poder. Lo hiciste poco inferior a los ángeles, lo coronaste de gloria y dignidad. Le diste el mando sobre las obras de tus manos, todo lo sometiste bajo sus pies». Esta es la misión del hombre que aparece ya en la tradición Judeo-Cristiana, que se refuerza con la venida de Jesucristo a la tierra a ser parte de nuestra humanidad. Si el hombre ha sido exaltado por Dios hasta el punto que un miembro de nuestra humanidad fue escogido para que la divinidad estuviera presente en él, Jesús de Nazaret, nuestro Salvador, nosotros tenemos que mirar al hombre con una mirada transformada, nueva. Es increíble la dignidad del ser humano, si el autor antiguo se sorprendía de lo que fuera el hombre para que Dios se ocupara de nosotros mirando, como nos ha amado tanto que nos envío a su hijo Jesucristo, nos quedamos realmente maravillados y hay que sacar las consecuencias, la dignidad del hombre.

La fe cristiana es al mismo tiempo una fe y una visión humanista del mundo, profundamente humanista. No puede haber en la religión cristiana nadie que pretenda reclamarse de ser seguidor de Jesucristo, nuestro Señor; no puede haber ningún tipo de evasión de la realidad. Preocupa a veces una religiosidad que se vuelve ritos, ceremonias, o que se vuelve solamente rezos evasivos sin falta de preocupación por el hombre concreto. Cuando esto ocurre allí no está el sello de la verdad, porque dice San Juan, el Apóstol: «Quien dice que ama a Dios a quien no ve, y no ama a su prójimo a quien ve, es un mentiroso». Esta es la médula de la fe cristiana, la dignidad del hombre.

¡Cuántos escritos del Papa Juan Pablo II! ¡Cuántos llamamientos! desde aquella primera carta que dirige al mundo entero diciendo: «El hombre es el camino de la iglesia». El hombre con sus problemas, con sus angustias, con sus anhelos, con sus esperanzas. Ese es el camino que la Iglesia tiene que recorrer, alcanzarlo para siempre tenderle una mano y levantarlo y hacerle comprender cual es su dignidad. En cuántos escritos del Santo Padre encontramos esto, expresado de muchas maneras con respecto a la dignidad del trabajo humano a la grandeza del hombre en sí mismo y el respeto que merece.

Yo he tenido la oportunidad de tratar bastante al Papa Juan Pablo II. Mañana hará 19 años que soy Obispo; él fue quien me nombró, él me nombró primero Obispo de Pinar del Río y tres años más tarde Arzobispo de La Habana. Pocos meses después de mi consagración como Obispo, tuve la oportunidad de visitar por primera vez al Santo Padre. Me invitó a su mesa y desde aquel momento ¡cuántos encuentros personales en las visitas que los Obispos hacemos periódicamente a Roma de tú a tú! Cuántos encuentros con grupos de obispo cubanos o de otros países latinoamericanos, o del mundo, en los cuales he podido sentir todo aquello que el Papa lleva en su corazón con respecto al ser humano, con respecto a su dignidad. Primero con respecto a los derechos fundamentales del hombre, su derecho a la vida, su derecho a la vida desde el seno materno, por lo tanto su rechazo total al aborto, su respeto a la vida como un don sagrado; de ese ser humano irrepetible que Dios llama a la vida. Cuando después de redactado el Catecismo Católico, el Papa en una revisión muy inmediata pidió que las palabras que parecían conceder alguna posibilidad de castigo válido a la pena de muerte fueran quitadas del Catecismo Católico, no cree el Papa que pueda esto ser un modo válido de prevenir el mal en la sociedad.

La defensa de la vida para el Papa es el primero de todos los deberes, porque es el primero de todos los derechos del hombre, pero después ese hombre debe ser alimentado, cuidado en su salud, debe ser un hombre educado, que tenga la posibilidad de adquirir la cultura necesaria para desenvolverse en la vida.

Recientemente el Papa ha hablado fuertemente sobre el grave problema del hambre en el mundo. Por ejemplo, ha hablado de la miseria de los pueblos, ha hablado de esto que él llama la primera de las injusticias: la pobreza, en la cual una parte mayoritaria de la humanidad se encuentra hoy. Como el Santo Padre tiene una visión que repite en su último mensaje de la paz, una visión muy completa de los derechos del hombre, no pueden tomarse unos derechos y dejar otros; no se puede hablar de ciertas libertades olvidando los derechos fundamentales: alimentación, la posibilidad de tener medios para sanar las enfermedades, para estudiar y desarrollarse, no puede haber una selección de derechos, todos son complexivos todos son complementarios, todos deben tenerse en cuenta. No pueden olvidarse estos derechos que están muy olvidados en gran parte de la humanidad: el derecho a la alimentación, el derecho al sustento, al pan de todos los días.

El Papa es un hombre con preocupaciones muy concretas, preocupaciones por la familia. Por la familia porque en la familia el hombre no solo aprende el lenguaje, su comportamiento inicial; aprende a vivir, aprende sus sentimientos, aprende su capacidad de relacionarse. El Papa se preocupa por la juventud, pero sin embargo —yo diría— cree en la juventud, es capaz de reunir centenares de miles de jóvenes venidos del mundo entero; no para hablarles concesivamente de que todo está permitido, sino para presentarles a veces las exigencias de una vida en alguna de sus variantes o presentaciones, dura o sacrificada. Y sin embargo vemos a la juventud vibrar con este hombre que es ya un anciano y aclamarlo y recibir su mensaje.

El Papa cree en los valores humanos, cree en la posibilidad de que los valores sean aceptados por la humanidad de hoy, los valores que fluyen del Evangelio pero que son también valores muy humanos y no deja de presentar estos valores. El Papa cree en la libertad, en la libertad entendida al modo cristiano, que es el único modo en que no es ni un exceso ni un defecto de la misma. Una libertad no para hacer lo que nos dé la gana, no para cumplir con nuestros deseos a veces caprichosos, no para no ser guiados u orientados por nadie, no. Una libertad que se base en la verdad, en la verdad que el hombre debe buscar, para que esa verdad se disfrace del Evangelio, lo haga libre, la verdad lo hará libre y capaz de ser dueño de su destino de elegir entre lo bueno, lo mejor, no según una veleidad o un tipo de placer que los solicita en un momento, sino según aquello que hay en el corazón del hombre que es lo mejor, hay que encontrar la verdad. Por eso el hombre, dice el Santo Padre, debe tener la posibilidad siempre de buscar la verdad para, encontrándola, tener acceso a la verdadera libertad que lo librará de sus caprichos, de sus inercias, de sus faltas de entusiasmo, de su postración ante la vida. Todo esto es lo que el Papa siente, cree lo que él propone.

Es un luchador el Papa Juan Pablo II. Conocemos su historia personal, la historia de él en su niñez y juventud, especialmente como joven. El Papa nació en Polonia, ama profundamente a su Patria, es el único quizás de los Pontífices que hemos conocido en los últimos años que no cesa de hacer referencia al amor a la Patria. Está convencido que esto no está reñido con la fe cristiana, ni con la universalidad de su cargo. Él es de Polonia y él ama profundamente a su Patria. En Cuba tendremos una celebración cargada de sentido patriótico cuando el Papa en Santiago de Cuba corone a la Virgen de la Caridad como Reina y Madre de Cuba y haga una reflexión sobre el amor a la Patria, el servicio a la Patria. Él puede hacerlo, él ha conocido en su país la terrible guerra mundial, la segunda, vivió la ocupación nazi. Durante esa ocupación tuvo que estudiar clandestinamente su carrera eclesiástica, no en un seminario organizado, se ordenó sacerdote también en forma casi clandestina.

Polonia fue el eje —como lo ha sido a través de la historia— de muchos conflictos en Europa, terminada la guerra no pudo el país, según sus aspiraciones nacionales, acceder a una independencia completa, y Polonia se vio asociada según los acuerdos de Yalta a todo el mundo que estaba bajo la Unión Soviética. Siempre el polaco sintió esto como algo que le era lesivo a su nacionalidad, a su patriotismo.

El Papa vivió también esta etapa cuando, ya en Roma, llamado a este cargo de ser el Pastor Universal de la Iglesia, contemplaba los acontecimientos de su país desde lejos, también estaba preocupado. Soy testigo de su preocupación, se preocupaba por el futuro y después por lo que podía ser la nueva realidad de su patria y de otros países de esa misma área geográfica del este de Europa, muchas doctrinas económicas, muchos modelos importados del oeste, venían a imponer quizás, y está pasando no solamente allí sino en el mundo entero, un estilo económico de carácter liberal que en muchas ocasiones trae la pobreza en el seno de los países o empobrece a unos pueblos en detrimento de otros, o enriquece a muchos, para hablar con propiedad, en detrimento de otros.

Ha habido para el Santo Padre toda esta preocupación, le preocupa cualquier tipo de sanción económica, de medida económica que pueda dañar concretamente a una región de la tierra, a un país, y rechaza claramente estas medidas como lo ha hecho con los embargos o bloqueos de Iraq, de Cuba, en más de una ocasión, y de otros países también. Todo este sentir del Santo Padre proviene de aquello primero que yo decía, mis hermanos y hermanas, y que él gritó en la Plaza de San Pedro con fuerza en su primer mensaje al mundo en la misa en la cual inauguraba su pontificado: «Abran las puertas a Jesucristo», si las puertas de los países, de los gobiernos, de los corazones, de los hogares se abren a Jesucristo va a haber una transformación porque los valores que aporta el Evangelio son estos que preocupan al Santo Padre. No es un hombre lúcido, inteligente, estudioso y preocupado. Es un creyente, profundamente fiel a su Señor, que no quiere otra cosa sino que el hombre, que ha sido exaltado por la venida de Jesucristo, tenga toda su dignidad, toda su grandeza.

Nos ha acompañado durante toda esta presentación la imagen de la Virgen de la Caridad, nuestra Madre, la Virgen María, madre de Jesús ha servido para preparar la visita del Papa a Cuba en nuestras iglesias, donde miles y miles de cubanos han ido a visitarla y a orar por esta visita, yo quisiera concluir pidiéndole a ella, la Virgen de la Caridad, Patrona de Cuba, que se uniera a nuestra oración ante Dios, nuestro Padre, pidiendo por su hijo Jesucristo que esta visita del Papa a Cuba traiga a los cubanos una gran bendición. Yo la veo como un paso de Dios por nuestra historia, como un paso de Jesucristo, y recordemos aquellas palabras del mismo Pedro hablando un día ya en los comienzos de la Iglesia: «Jesucristo pasó haciendo el bien», el Vicario de Cristo cuando pase dejará un gran bien y los valores que él propondrá y las actitudes espirituales que propondrá serán un bien no solo para nosotros los que creemos en Jesús, los que creemos en su entrega por nosotros en la cruz y en su resurrección gloriosa, sino que lo será para todo nuestro pueblo.

Con estos pensamientos los dejo queridos hermanos y hermanas. Esperando la llegada del Santo Padre, les doy a todos mi bendición.

Mensaje del Papa Juan Pablo II al pueblo cubano ante la proximidad de su visita y con ocasión de la fiesta de Navidad

Queridos Hermanos en el Episcopado,
Estimados sacerdotes, religiosos, religiosas y fieles,
Queridos cubanos:

«Les traigo una buena noticia, la gran alegría para todo el pueblo: les ha nacido un Salvador, el Mesías, el Señor». (Lc. 2, 10, 11).

La fiesta de Navidad, que vamos a vivir dentro de pocos días, es una solemnidad intensamente sentida por todos los cristianos y de la que participan también hombres y mujeres de buena voluntad en todo el mundo. En ella se celebra el más grande acontecimiento de la historia: Dios se ha hecho hombre. Ante ese gran día, y en la proximidad de mi Viaje apostólico a Cuba, donde llegaré como mensajero de la verdad y de la esperanza, deseo enviar a todos los hijos e hijas de esa Nación mi cordial saludo, renovándoles mi profundo afecto en Cristo.

Es motivo de gran alegría que en su País este luminoso día haya vuelto a ser festivo también en el ámbito civil, dando así a todos la posibilidad de participar activamente en las celebraciones navideñas y recuperándose de ese modo una tradición muy arraigada en el corazón de los cubanos.

La Navidad, al ser la fiesta del misterio de Dios que nos ama hasta el punto de venir al mundo y compartir nuestra peregrinación terrena, es fiesta de todos los hombres, llamados a participar de la vida divina. Se conmemora un gran misterio: «La Palabra se hizo carne y puso su morada entre nosotros» (Jn. 1, 14) y «dio poder de hacerse hijos de Dios a todos los que le recibieron» (Jn. 1, 12). En la sencillez y la humildad de Belén se manifestó el cambio más radical y profundo que ha conocido la humanidad, por lo que el tiempo de los hombres comenzó a contarse de nuevo en nuestra era a partir del Nacimiento de Jesús.

Desde el momento de la Encarnación del Hijo de Dios el hombre ya no está solo, porque Dios está con nosotros compartiendo los gozos y las penas. Él es el «Emmanuel» anunciado desde antiguo (Mt. 1, 23). La Navidad es uno de los momentos más bellos y entrañables del año, en el que se manifiestan los más nobles sentimientos que anidan en el corazón humano, creando ese ambiente de alegría y serenidad, de bondad y solidaridad, que es tradicional de estas fechas.

La fiesta de Navidad, con sus múltiples expresiones llenas de sentido cristiano y de sabor popular, es parte del patrimonio cultural y religioso de Cuba. En esta fecha, la Misa de Medianoche y los «nacimientos», con su particular encanto, volverán a reunir en torno a la figura del Niño Jesús, a familias enteras, alegres de acoger la luz y la paz que bajan del cielo y quieren iluminar el porvenir de todo un pueblo.

Quisiera que todos los cubanos pudieran vivir este día tan entrañable animados por la esperanza, pues sin ella se apaga el entusiasmo, decae la creatividad y mengua la aspiración hacia los más altos y nobles valores.

Queridos cubanos: al acercarse el momento de besar su tierra, mi llamado se dirige a todos, sin distinción de credo, ideología, raza, opinión política situación económica. Quisiera que mi palabra llegase tanto a los que tienen la grave responsabilidad de dirigir los destinos de la Nación como a los ciudadanos más sencillos, deseándoles a cada uno prosperidad, felicidad y paz.

En esta Navidad del Señor de 1997 deseo animarles a la esperanza, viviendo en la verdad de Cristo, y con el Apóstol Pablo les digo: «El que es de Cristo es una criatura nueva; lo antiguo ha pasado y lo nuevo ha comenzado... Nos presentamos, pues, como mensajeros de parte de Cristo, como si Dios mismo les rogara por nuestra boca. Déjense reconciliar con Dios... no hagan inútil la gracia de Dios que han recibido... Este es el momento favorable, este es el día de la salvación» (2 Cor. 5, 17 - 6, 2)

Los católicos cubanos saben bien que iré para confirmarles en la fe, esa fe que a veces ha sido tan probada, y para proclamar juntos, como San Pedro ante Jesús: «Tú eres el Mesías, el hijo de Dios vivo» (Mt. 16, 16). Deseo recorrer caminos de paz por diversas diócesis de Cuba, llegando hasta el corazón mismo de la Nación, a los pies de su Reina, Madre y Patrona, la Virgen de la Caridad del Cobre. Sobre su excelsa frente colocaré la corona que sus hijos le ofrecen, la corona de oro purificado en el crisol de los años de la fe mantenida y con las perlas preciosas de las buenas obras de sus hijos.

Se acerca el momento en el que, con el favor de Dios, me encontraré con Ustedes en su tierra para alabar y bendecir juntos a Dios y proclamar su Palabra de vida que invita a cada uno a abrir de par en par las puertas de su corazón a Cristo, el Señor.

Espero que después de mi visita, la Iglesia, que habrá podido dar público testimonio de su fe en Cristo y de su dedicación a la causa del hombre en torno al Sucesor del Apóstol Pedro, pueda seguir disponiendo, cada vez más, de la libertad necesaria para su misión y de los espacios adecuados para llevarla a cabo plenamente y seguir prestando así su servicio al pueblo cubano.

A todos los cubanos les deseo una Feliz Navidad y un próspero Año Nuevo, poniendo en el portal de Belén, ante los ojos de Jesucristo, el Salvador de los hombres, las esperanzas legítimas que ha suscitado mi peregrinación a su Isla, seguro de que Dios, que ha comenzado esta obra, la llevará Él mismo a su término.

En espera de impartirles personalmente la Bendición Apostólica en las celebraciones que nos disponemos a vivir próximamente, invoco del Señor toda clase de dones sobre los hijos e hijas de esa amada Nación y de nuevo les confío a la materna intercesión de la Virgen de la Caridad del Cobre, Reina y Patrona de Cuba.

Vaticano, 20 de diciembre de 1997

Catedral de Matanzas

**CONFERENCIAS Y DISCURSOS PRONUNCIADOS
POR EL CARDENAL JAIME ORTEGA Y ALAMINO
DURANTE SU VIAJE A MIAMI
LOS DÍAS 27 Y 28 DE MAYO DE 1995**

HOMILÍA EN LA CATEDRAL DE MIAMI

En la Fiesta de la Ascensión del Señor, que la Iglesia celebra desde las vísperas de este domingo VII de Pascua, Dios me concede la alegría de poder concelebrar la Santa Eucaristía con mis hermanos el Sr. Arzobispo de Miami Mons. John Clement Favarola, su obispo auxiliar Mons. Agustín Román y con tantos hermanos en el sacerdocio, muchos de ellos cubanos, algunos amigos de muchos años, otros a quienes no he tenido la oportunidad de tratar con frecuencia; sobre todo aquellos que sintieron el llamado del Señor en estas tierras y aquí lo sirven, pero unidos todos por entrañables lazos de fraternidad que se anudan en Cristo, verdadero, eterno y único sacerdote.

La presencia de religiosos y religiosas entre ustedes, quienes enriquecen la Iglesia con sus carismas propios, es para mí motivo de gratitud, por el significado de la vida consagrada para la comunidad eclesial y porque algunas de las congregaciones presentes hoy aquí han trabajado o trabajan en Cuba.

Están también los diáconos, sus esposas, sus familias, que prestan un inestimable servicio a la comunidad cristiana y agradezco de veras su participación. La presencia de los laicos que integran diversos movimientos, algunos de los cuales desarrollan su acción en Cuba, como el Movimiento Familiar Cristiano, el de la Renovación en el Espíritu y otros, me llena también de regocijo.

Quiero saludar de modo especial a los hermanos de las diversas confesiones cristianas a quienes nos une un particular afecto en Cristo Jesús y a los hermanos del pueblo de la Promesa y de la Alianza, hermanos hebreos que comparten también con nosotros esta oración de alabanza al único Dios de cielo y tierra. Agradezco vivamente la presencia de todos. Aquí hay seguramente católicos de La Habana, de Matanzas, de Pinar, de Camagüey, de Holguín, de Santiago de Cuba, de Santa Clara o de Cienfuegos.

Hay muchos lazos particulares que nos estrechan a todos; además de nuestra fe común en Dios. Son los lazos del recuerdo, del amor, o incluso de la cercanía o de la simpatía por nuestra tierra. En este día ella nos convoca de manera especial.

Sirve de vía propicia para esta convocación el hecho de que el Papa Juan Pablo II haya decidido otorgar a nuestra Iglesia en Cuba el alto honor de estar representada en el Colegio de Cardenales por el Arzobispo de La Habana y que éste tenga la magnífica oportunidad de visitarlos.

Desde el momento en que el Santo Padre me incorporó al Sacro Colegio, me propuse visitar las diócesis de Cuba y también a los católicos cubanos que residen fuera de nuestro país. Este proyecto fue recibido con calor por mis hermanos obispos de los lugares donde se asientan grandes núcleos de cubanos y, gracias a su acogida y sus cuidados en preparar un programa para el muy poco tiempo disponible, tengo yo la posibilidad de estar aquí y de brindarles también a ustedes la ocasión de un encuentro diferente. Diferente por las motivaciones de mi visita y por las razones de la presencia de ustedes en esta Eucaristía.

Hacía ya 31 años que Cuba no tenía un Cardenal. La designación de un Cardenal Cubano llega en los momentos en que la Iglesia de Cuba vive, como don maravilloso del Señor, una eclosión de fe en nuestro pueblo. Lo llamo don de Dios porque ninguno de los condicionamientos que tiene la Iglesia para su acción pastoral en Cuba ha cambiado sustancialmente en estos últimos años. Por ejemplo, no hubo más posibilidades de comunicar el mensaje de Cristo a nuestro pueblo pues, no se ha producido un acceso a los medios de comunicación social ni mucho menos a las escuelas primarias u otros centros de enseñanza; pero ha aumentado de manera notoria la receptividad de los cubanos al mensaje del Evangelio y existe una búsqueda de verdad, de amor, de valores espirituales, una auténtica sed de Dios, que lleva a muchos a retornar a la fe. Otros encuentran, por vez primera en sus vidas, al Señor Jesús que les sale al paso para colmar el vacío existencial que llevaban en sus corazones y que tantos experimentan. Entre éstos descuellan los jóvenes, por su número y por la calidad de su andadura espiritual.

La nuestra en Cuba es una Iglesia de reconciliados, de conversos, de catecúmenos que hacen el aprendizaje del amor cristiano. Una Iglesia de pocos medios, que vive lo esencial, que tiene que cumplir el mandato misionero de Jesús, yendo literalmente a anunciar al Señor a todos los cubanos, llamando a cada puerta, a cada corazón, para responder así a los apremiantes reclamos de tantos hermanos nuestros. Esto lo hacemos con muy pocos sacerdotes, diáconos, religiosas y con la participación de un buen número de laicos en la acción pastoral. Es una Iglesia desbordada en su misión de sembrar paz y amor en las almas de muchos de nuestros compatriotas.

Esa Iglesia, con sus características de fidelidad al Señor y al Vicario de Cristo en la tierra, de unidad entre obispos, sacerdotes y fieles, capaz de acoger al que retorna maltrecho y arrepentido a su seno materno, servidora en el amor de los necesitados que llaman a su puerta, sean quienes sean, anunciadora de una buena noticia que lleva luz y esperanza a nuestros hermanos, una Iglesia así es la que el Papa Juan Pablo II quiso enaltecer al nombrar un cardenal cubano. Adondequiera que voy me siento, pues, representante de esa Iglesia que llama. que congrega, que une alrededor de Cristo y su Vicario y de los pastores del rebaño del Señor, a todos nuestros hermanos que buscan en sus vidas caminos de fe y esperanza.

Por esto me propuse visitarlos desde el momento mismo de mi investidura cardenalicia, pues estoy convencido en el Señor, que esa misma acción convocadora, congregante, generadora de unidad y ciertamente reconciliadora, debe alcanzar a todos los cubanos creyentes en Cristo en cualquier sitio que se encuentren.

¿No es ésa justamente la palabra diferente que tiene que decir la Iglesia al mundo? Jesucristo debe salir con su mensaje al encuentro del hombre actual como acontecimiento novedoso. Es lo que el Papa Juan Pablo II llama en su exhortación postsinodal «*Christifideles laici*» la novedad cristiana.

¿En qué consiste esa irrupción novedosa de la persona de Jesús en la vida de los pueblos? En la posibilidad de acoger un mensaje que pueda transformar la vida de los hombres. Los hombres han estructurado sistemas políticos, sociales y económicos de contornos definidos y a veces antagónicos. El más reciente de los choques de sistemas ha sido entre el comunismo y el capitalismo. Una vez que se produjo la debacle del llamado «socialismo real» emerge triunfante, como un estilo global en la gestión económica internacional y al interior de las naciones, la economía de mercado. Sin embargo, en su encíclica «*Centesimus annus*», en la cual el Santo Padre describe los males del ateísmo marxista, el Papa Juan Pablo II pone a las naciones y hombres públicos en guardia frente al riesgo de confiar el progreso de la humanidad únicamente a las leyes ciegas del mercado, sin ningún tipo de control sobre sus mecanismos, lo cual puede crear situaciones de miseria y opresión en los sectores más desfavorecidos de la población.

El razonamiento de algunos que reaccionaron desfavorablemente a este llamado del Santo Padre fue que la Iglesia criticó el comunismo y ahora criticaba la economía de mercado, ¿cuál es entonces la propuesta del Papa? La Iglesia no es una simple opositora del comunismo, la Iglesia no es tampoco una simple aliada de la economía liberal de mercado. Pero la Iglesia no está tampoco en el medio de esas dos concepciones extremas, ofreciendo su propio sistema, porque el Evangelio de Jesucristo, su mensaje salvador a los hombres, no se ubica en el mismo plano donde se enfrentan o se alían los sistemas humanos.

La Iglesia es depositaria e intérprete de la Palabra de Dios y su actuación se sitúa en la conciencia del hombre a quien se dirige para recordarle que en el mundo que le ha sido confiado por el creador para que, como rey de la creación someta a su inteligencia y voluntad *«las aves del cielo, los peces del mar y todo lo que vive sobre la tierra»*, él no tiene un dominio absoluto, sino subordinado a su Dios y Señor. Este amoroso dominio de Dios incluye la primacía de la ley del amor al prójimo explicitada de modo admirable por Jesucristo. Si el hombre responde éticamente al llamado de la Iglesia, a través de una acción humana y cristiana animada por el Evangelio, puede temperar las medidas extremas, teniendo en cuenta siempre al más desvalido y sin olvidar la dignidad intrínseca de la persona humana.

Esta voz de Dios debe ser escuchada personal y colectivamente para que el mandato supremo del amor triunfe, pues de no ser así, la humanidad, arrastrada por el pecado, subvierte el plan establecido por Dios nuestro Padre y nacerán entonces la arbitrariedades, y el hermano odiará a su hermano, Caín matará a Abel, y se «venderá al pobre por un par de sandalias», al decir del profeta Amós.

Esa fue precisamente la lucha de los profetas en Israel: hablar de parte de Dios a las conciencias de los hombres para que cambien su comportamiento, no sólo en lo personal individual, sino de cara a la comunidad donde viven. Esa es la misión profética de la Iglesia, la que Ella debe cumplir bajo cualquier sistema, la que tantos sufrimientos le ha traído en los países comunistas, la que tanta oposición o crítica le acarrea en muchos países democráticos, cuando defiende la vida y se opone al aborto, al hedonismo o a la eutanasia. Este es el verdadero enfrentamiento, no entre la Iglesia y tal o cual teoría económica o sistema político, sino entre el mensaje de Jesucristo que viene de lo alto y lo que el evangelista San Juan llama el espíritu del mundo.

«Ustedes no son del mundo» (Jn. 15, 19) —dice Jesús— «si fueran del mundo, el mundo amaría lo suyo, pero, porque no son del mundo, sino que yo los escogí del mundo, por eso el mundo los aborrece... Si el mundo los aborrece, sepan que me aborreció a mí primero».

¿Cuál ese mundo del cual habla Jesús? Porque hay un mundo por el cual Cristo da la vida. *«Tanto amó Dios al mundo que le envió a su Hijo para que el mundo se salve por Él.»*

El mundo con el cual no puede pactar el cristiano es el mundo del poder, de las fuerzas ciegas del dinero, del disfrute sin límites del placer, de la utilización del prójimo como un instrumento. Es, en fin, el mundo del pecado, que se cierra a la acción de Dios.

¡Cuán desafiante es ese mundo ambiguo para el cristiano! Hoy, en la fiesta de la Ascensión, ¡qué gran tentación de quedarnos plantados mirando al cielo!, sin intervenir en esa lucha, que nos atemoriza a veces, entre el mundo iluminado por la luz de Cristo, *«Yo soy la luz del mundo»* y ese otro mundo de tinieblas marcado por el mal, que no reconoce a su salvador. *«Vino a los suyos y los suyos no lo conocieron»*. Con qué prontitud olvidamos aquellas palabras definitivas de Jesús: *«No teman, yo he vencido al mundo»*.

La indecisión para optar claramente por el mundo iluminado por Cristo, al que hay que salvar y no condenar, frente al mundo circunscrito a «este mundo» produce en nosotros la tibieza, la incapacidad para aceptar el espíritu del Evangelio, que contiene como ley nueva y fundamental ese amor incondicional que pide Jesús a los suyos.

Podemos imaginar el estado de ánimo en que muchos seres humanos, incluso algunos discípulos de Jesús, escuchan esta palabra del Señor, *«ama a tu enemigo, reza por quien te persigue, para que seas hijo del Padre celestial, que hace salir todos los días el sol para buenos y malos y manda la lluvia a santos y pecadores. Porque si ustedes aman a los que los aman ¿qué mérito tienen? eso lo hacen también los malos»*. He ahí la novedad cristiana, lo que hace la diferencia. Este es el verdadero antagonismo entre el pecado y la virtud, entre el amor y el odio, entre el bien y el mal. Ante una palabra como esta de Jesús, que es la invitación más desconcertante que Él nos dirige: *«al que te pegue en una mejilla, preséntale la otra»*, reaccionarán de modo muy parecido un marxista leninista y un hombre de negocios de convicciones democráticas y librepensador: ambos coincidirán en rechazar ese estilo como inaceptable, propio de tontos o de débiles. *«Aquel día se pusieron de acuerdo Herodes y Pilato»* dice el Santo Evangelio cuando relata la pasión de Jesús.

Sólo quien cree en Jesucristo, Hijo de Dios, y lo ama, puede aceptar ese reto. Sí, esta es la novedad desestabilizante del cristianismo cuando se vive a fondo. De este modo tú mismo quedas desestabilizado por Jesucristo en tus falsas seguridades, hechas de fuerza y de poder, y desarmas a la vez al adversario, que se queda sin enemigo, que se da cuenta de que él mismo se envilece si sigue golpeando a quien le presenta el otro lado de su rostro.

Cuba tiene la dicha, que es la de muy pocos pueblos, de que el hombre que resume el pensamiento de nuestros próceres, aportándole su idea luminosa para hacerlo el ideario fundante de la Patria, nuestro José Martí, haya puesto el amor como centro y cima de su obra patriótica. Martí desechó el odio como fuerza negativa, y su pensamiento, de indiscutible matriz cristiana, tiene su expresión privilegiada en el más sencillo y profundo de sus versos, *«Cultivo una rosa blanca en junio como en enero, — para el amigo sincero que me da su mano franca»* Hasta aquí esto hubiera podido decirlo cualquier otro poeta.

Lo que sí es diferente y sabe a redención, a amor sufrido, a perdón, a Evangelio son los versos que siguen: *«Y para el cruel que me arranca el corazón con que vivo cardo ni oruga cultivo, cultivo una rosa blanca».* Esta es nuestra gloriosa versión cubana de *«poner la otra mejilla»*.

Siempre ha hecho falta valentía para seguir este camino, en la Cuba de antes y en la Cuba de ahora; pero también aquí y dondequiera que el creyente en Jesucristo tome en serio el Evangelio y se decida a vivir su fe cristiana.

Esa valentía es la que nos hace conquistar la libertad, la verdadera libertad interior, la de los hijos de Dios, que se afianza en la Palabra de Cristo y en la verdad. Jesús decía a los judíos que habían creído en él: *«Si permanecen en mi palabra, serán de veras discípulos míos y conocerán la verdad y la verdad los hará libres»* (Jn. 8, 31-32)

Y cuánto necesitamos los cubanos esa libertad que no se alcanza por vivir en un sitio o en otro; sino por vivir en Cristo y en la verdad.

Permítanme que les narre una historia real de pocos años atrás, que me fue contada en Roma por un predicador europeo que dirigía un retiro a hombres jóvenes hispanos en la zona de New York.

Este Padre tiene una forma muy dinámica para hacer que los jóvenes reflexionen sobre su vida, siguiendo la palabra de Dios. No les da una charla, sino les manda a leer un pasaje de la Biblia y a descubrir en él lo que Dios les quiere decir según alguna pregunta que el sacerdote les ha entregado. Cada joven irá a ver privadamente al Padre y conversará con él de su respuesta.

Había en aquel retiro unos veinte jóvenes de distintos países de América Latina. Entre ellos había un cubano. El predicador les mandó leer el relato del Éxodo, la liberación del pueblo hebreo que Dios hizo por medio de Moisés cuando los sacó de Egipto. La pregunta que todos personalmente, después de media hora de reflexión, debían contestar, era, ¿de qué tengo yo que dejarme liberar por Dios?

Pasado el tiempo reglamentario todos fueron a comentar sus respuestas con el sacerdote. Uno habló de su egoísmo, que lo tenía aprisionado, otro del sexo, dos o más del alcohol, alguno mencionó la droga, otro su exagerada afición por el deporte que le hacía perder la Misa del domingo.

Le llegó el turno a nuestro cubanito y... nada, él, gracias a Dios, estaba en Cuba y sus padres lucharon mucho por salir y ya hacía ocho años que estaba aquí, por lo tanto está liberado. El predicador quedó muy impactado de esta respuesta y por eso me la refería detalladamente. ¿No será este un joven emblemático de muchos otros jóvenes cubanos de aquí y de Cuba y aún de muchos cubanos de cualquier edad?

¿Ha conquistado la verdadera libertad, la libertad propia de los hijos de Dios el que la hace depender solamente de las condiciones externas, sin que repare en lo que le atenaza el propio corazón?, ¿es —por ejemplo— libre el que odia?

Esta es una de las grandes tareas que los cristianos cubanos de Cuba y de acá debemos emprender juntos: encontrar en la palabra de Jesús y en su verdad la libertad interior que nos haga transitar unidos por los caminos del amor y la reconciliación, alumbrando, en medio del propio peregrinar de nuestro pueblo, allá y aquí, destellos ciertos de esperanza.

Cuba necesita del abrazo fraterno de los cristianos cubanos, que sea como fermento de reconciliación y anuncio de paz en el seno de nuestro pueblo de los dos lados del estrecho floridano. La misión de la Iglesia es propiciar ese abrazo, anhelar el reencuentro y suplicarlo día a día al Señor.

Esta celebración diferente, donde Cristo resucitado nos ha salido al paso, como en cada Pascua y, antes de ascender a los cielos nos confía la misión de ser portadores de una buena noticia a todos los hombres, debe afianzarnos en esas propuestas exclusivamente cristianas, que no tienen que ver con los falsos valores del mundo, que se asientan en la Palabra de Jesús y en la verdad y que nos dan un corazón libre. No nos quedemos fijos mirando al cielo, Jesús que asciende, victorioso, nos preguntará un día qué hemos hecho del amor que Él nos dejó.

A la Virgen de la Caridad confiamos los frutos de esta visita, que no deben ser otros que la comprensión, el acercamiento y la solidaridad en el amor entre todos los cubanos.

Que Nuestra Señora de la Caridad del Cobre bendiga a nuestro pueblo.

PALABRAS EN LA ERMITA DE LA CARIDAD

Queridos hermanos y hermanas:

Nos reunimos para honrar a María, Madre de Jesucristo y Madre nuestra, que es venerada y amada por el pueblo cubano con el título tan entrañable para todos nosotros de Virgen de la Caridad.
Todavía no éramos pueblo, todavía Cuba era un conjunto de caseríos, algunos de ellos más poblados que otros y las selvas inmensas y frondosas llenaban toda la Isla, cuando tres buscadores de sal hallaron flotando, en la gran Bahía de Nipe, una imagen pequeña y morena, unida de algún modo a una tabla, que hoy carcomida se guarda en la Basílica y Santuario de El Cobre, Entonces se podía leer claramente en ella: «**YO SOY LA VIRGEN DE LA CARIDAD**».
En el mismo hallazgo de la imagen bendita de María recibíamos los cubanos el título con el cual quería Dios que fuera honrada por todo nuestro pueblo a través de los tiempos, la Madre del Salvador.
Y desde entonces, durante más de trescientos años, los cubanos han mirado hacia el oriente de Cuba, soñando siempre con visitar a la Virgen y, cuando lo hemos logrado, nos proponemos siempre volver a verla.
El Santuario de El Cobre recoge la historia cordial, dolida, agradecida, triste o gozosa del pueblo de Cuba.
Fue El Cobre el lugar de Cuba donde los esclavos obtuvieron su libertad, mucho tiempo antes que la ley que terminó con aquella inicua institución fuera promulgada. Es como si quienes estaban cerca de la casa de la Madre no pudieran vivir en cautiverio.
Cuando España acepta su derrota en la guerra de Independencia, y los mambises no pueden desfilar junto al ejército norteamericano que entra triunfante en Santiago de Cuba, el General Agustín Cebreco
convoca al ejército mambí para que vaya al Cobre y allí en una Misa celebran nuestros patriotas la victoria que era suya.
En todas las ocasiones difíciles los cubanos han vuelto sus ojos a la Virgen de la Caridad. Ella había acompañado a nuestros patriotas en los campos de batalla y por eso en el año 1915 los veteranos de la Independencia encabezados por el General Jesús Rabí piden al Papa Benedicto XV que proclame a la Virgen de la Caridad Patrona de Cuba. En el año 1936 la

Virgen de la Caridad fue coronada por el entonces Arzobispo de Santiago de Cuba Valentín Zubizarreta.

En mi visita a la Basílica, la primera que hice en Cuba después de celebrar en la Catedral de La Habana, el Arzobispo de Santiago, mi querido hermano Mons. Pedro Meurice, quiso que usara la casulla que llevó el día de la Coronación el Arzobispo Zubizarreta. Ningún sacerdote u obispo la había usado más. Sobre ella quiso que luciera la cruz pectoral que llevó a todos los rincones de la Arquidiócesis de Santiago de Cuba aquel misionero incansable que amó a Cuba y a la Virgen de la Caridad como pocos cubanos, Mons. Enrique Pérez Serantes.

Ese pastor de gran talla física y espiritual pensó siempre que la Evangelización de Cuba pasaba forzosamente por la Virgen de la Caridad y así lo dijo en varias ocasiones. Qué sabias y ciertas han sido sus apreciaciones. Cómo hemos comprobado el papel de la Virgen en las misiones que hemos realizado en las distintas diócesis de Cuba por el 5º Centenario de la Evangelización. La imagen de la Virgen peregrina reunía a su paso por las iglesias y capillas del campo y la ciudad a miles de cubanos que le rezaban, le cantaban y la colmaban de flores.

Las imágenes misioneras de la virgen de la Caridad visitan sin cesar las casas de muchísimos cubanos, que esperan su turno para recibirla y la familia y los vecinos se reúnen el día que está en la casa y le rezan con devoción.

La celebración eucarística que presidí en El Cobre a los pies de nuestra Madre, cubierto por aquellos símbolos que tanto tienen que ver con la historia de la Iglesia en nuestra Patria, se convertía toda ella en signo para la generación presente y en hito para las generaciones futuras. Signo de la continuidad de la Iglesia, fiel a su misión de sembrar el evangelio en nuestra tierra, siguiendo el testimonio de los buenos pastores que Dios ha dado a nuestro pueblo. Hito, por las circunstancias históricas en que se celebraba aquella hermosa liturgia, precisamente cuando el Papa Juan Pablo II daba su respaldo de supremo Pastor a la acción pastoral de nuestra Iglesia, nombrando cardenal al Arzobispo de La Habana, hijo de ese mismo pueblo cubano. Él venía a poner este nuevo servicio a la Iglesia y a la Patria a los pies de la Virgen de la Caridad, en una hora de gracia para la fe cristiana, cuando nuestros hermanos abren sus corazones a Dios en busca de sentido para sus vidas, sedientos de valores espirituales, necesitados no sólo de pan material, sino de *toda palabra que sale de la boca de Dios*.

Los recuerdos que guarda el Santuario de El Cobre en sus ofrendas y ex-votos no son sólo los de los grandes acontecimientos que jalonan la historia de la Iglesia y de Cuba es, como dije al principio la historia popular del pueblo de Cuba y valga la redundancia.

Allí está la muleta que alguien dejó al dar sus primeros pasos después de un accidente, está el salvavidas firmado por todos los marinos de un mercante cubano que naufragó y se hundió en el Atlántico Sur hace algunos años, los grados militares de altos oficiales del ejército, las insignias, por centenares, de quienes terminan su servicio militar. Hay tierra de Angola y de Etiopía y tierra de la región oriental, que el astronauta cubano llevó al cosmos, y trofeos deportivos de las olimpiadas y cartas ingenuas a la Virgen de muchachas que le dan gracias a la Madre por haber dejado atrás una vida no buena. Hay cartas de madres que piden por sus hijos, que no saben dónde están. Hay verdaderos testimonios de fe y de conversión sinceras.

Cuando en años pasados parecía que la historia de la fe en Cuba se había interrumpido, que el ateísmo con su sombra opaca cubría los corazones, en el Santuario de El Cobre esa historia continuaba y sus protagonistas seguían siendo los mismos: nuestro pueblo y la Virgen de la Caridad.

Por eso no es extraño que haya una ermita dedicada a la Virgen de la Caridad en Miami, y que haya una iglesia o parroquia con especial devoción a la Virgen de la Caridad dondequiera que hay un grupo significativo de cubanos.

Como el Santuario de El Cobre en nuestras montañas orientales, todo templo católico que congrega a los cubanos para rendirle culto a la Virgen Madre de Dios y Madre Nuestra debe estar marcado por el signo del amor, título con el cual Dios entregó a María al pueblo cubano.

A esta ermita acuden los cubanos que llegan a estas tierras, también ella puede contar la historia del pueblo cubano de este lado del mar. Ese mar que se torna amenazador en los huracanes e inmenso e interminable cuando tantos hermanos nuestros se han lanzado a cruzarlo. ¡Cuántos testimonios del corazón recoge aquí la Virgen de la Caridad de quienes rezaron agradecidos a sus plantas por haber llegado!

Cuántas oraciones desoladas y tristes de las familias de Cuba y de acá ha recibido la Virgen por quienes perecieron en el fatal intento.

Virgen de la Caridad, Patrona de Cuba,
Madre de todos los cubanos:
Atiende la oración de tus hijos en este día.
Más que en otras ocasiones
hoy sentimos la fuerza unificadora de tu presencia.
Cuando tú flotas sobre el mar
él deja de ser oscuro y proceloso.
Cuando tu imagen bendita se alza sobre las aguas embravecidas,
releemos anhelantes, entre las nubes que te rodean,
el título que indica tu misión,
la que el Dios de cielo y tierra te confió
al hacernos el regalo de tu sonrisa tierna, como de niña:
«Yo soy la Virgen de la Caridad»
Tú eres la Virgen del amor.
Seguros de tu protección, las aguas tormentosas se tornan
limpias, tranquilas y serenas,
como cuando tu Hijo, Jesucristo, anduvo sobre ellas con paso firme.
Y se abre ante nosotros, como espacio de esperanza,
este mar cercano que baña con sus aguas las costas de aquí y de
 allá
Madre de todos los cubanos.
cuando este mar se agite y se vuelva amenazante,
levanta los ojos de nuestros corazón hasta ti
y muéstranos a Jesús, el fruto bendito de tu vientre que traes en brazos.
No dejes nunca que el estruendo de las olas traicioneras de las pasiones
nos impida escuchar la voz de tu hijo
que nos repite siempre el mismo mandato:
Ámense unos a otros como yo los he amado.
Llámanos la atención como madre buena,
vuelve a darnos tu consejo de Caná:
«Hagan lo que Él les diga».
Para que llegue el tiempo de la reconciliación
y de la paz para Cuba y para todos los cubanos.
Virgen de la Caridad, ruega por nosotros.

Amén.

HOMILÍA EN LA UNIVERSIDAD DE SANTO TOMÁS

Queridos hermanos y hermanas:

Desde el momento en que el Papa Juan Pablo II me impuso el birrete que me señalaba como el segundo cardenal de la historia de nuestra Patria, venir a encontrarme con la comunidad de los cubanos del Sur de la Florida formó parte de mi programa de visitas a mis hermanos cubanos de dentro y fuera de nuestro país.

En Roma, cubanos que peregrinaron conmigo desde Cuba para participar en el consistorio y otros que fueron desde la Florida, New Jersey, California, España, Puerto Rico o Venezuela, revelaban con su sola presencia que la nación cubana está ampliamente extendida fuera de las fronteras de su insularidad y que su pertenencia a ella es vivida con intensidad por los cubanos que residen en distintas regiones del mundo, hasta el punto de sentir con sus hermanos de Cuba, y como algo propio, la alegría de que el Papa Juan Pablo II haya nombrado un cardenal cubano.

La presencia de ustedes, aquí como en Roma, habla también por sí misma de la posibilidad que tenemos los cubanos de encontrarnos cuando nos reúne un ideal noble, capaz de levantar los corazones por encima de mediocridades, disputas domésticas o actitudes de recelo, a pesar aun de las hondas heridas causadas por situaciones históricas difíciles, e incluso dolorosas, que no pasan sin dejar huellas profundas en muchas vidas.

Este factor congregante que he llamado «ideal» yo lo refiero a una realidad trascendente, es decir capaz de superarnos a todos, a ustedes y a mí, que nos relativiza a todos. Porque muchas virtudes tenemos como pueblo los cubanos, pero también algunos defectos. Uno de ellos puede ser nuestra aparente suficiencia, que nos hace, por ejemplo, expresarnos unos frente a otros en términos absolutos. Díganme si no les resulta familiar una frase como ésta: ¡Chico, tú estás completamente equivocado! Es así como podemos responder, con toda naturalidad, a la primera frase que nos dirija alguien despistado o desconocedor de un tema o que exprese simplemente una opinión diferente a la nuestra. Y como ésas otras: «nunca podré estar de acuerdo contigo», «tú no sabes nada de eso», etc. ¡Cuánta necesidad tenemos los cubanos, como pueblo, de relativizar nuestra situación y de relativizarnos también cada uno de nosotros mismos, de modo que seamos capaces de encontrarnos y hacerlo para expresarnos nuestro amor de hermanos, para ahondar en nuestras raíces comunes, para sentir como un solo pueblo. Esa fraternidad se ha vuelto entre nosotros una cima no fácil de escalar. Por eso tenemos que mirar muy alto, único modo de evitar el vértigo que produce el giro rápido y repetido de los acontecimientos a nuestro alrededor.

La historia antigua y reciente de la nación cubana ha contribuido seguramente a reforzar nuestros sentimientos de reafirmación como pueblo y como personas.

Una muestra de lo que ha sido nuestra historia lo son ustedes mismos. No ha sido fácil la vida del cubano que vino a asentarse en estas tierras, o que fue a vivir a otros lugares lejos de su país. No era un simple emigrante quien llegaba aquí en busca de trabajo. Sí, evidentemente necesitaba trabajo y techo; pero se trataba además, en el caso de ustedes, de hombres y mujeres, adolescentes, niños o ancianos, que al llegar aquí sabían que dejaban detrás sus bienes, sus afectos, su Patria, con un carácter trágico de definitividad.

Salir de Cuba significaba entonces no retornar más a ella. Un inmenso abismo de incomunicación se establecía entre ustedes y los que habían quedado atrás, haciendo aún más dura la adaptación a las nuevas condiciones de vida. Aquel modo radical de quedar separados del suelo patrio dio a la emigración cubana, desde el mismo principio de la década del 60, un carácter de exilio.

De ahí el esfuerzo ingente que ustedes han realizado para conservar todo lo nuestro: tradiciones, lengua, costumbres, manifestaciones artísticas. Cómo se ha trabajado en estas décadas para redescubrir raíces, para perfilar los contornos de nuestra identidad nacional, para decirle al mundo que ustedes siguen siendo cubanos.

Y todo este quehacer lo fue emprendiendo cada hombre, cada familia, comenzando muy abajo, pidiendo quizás una moneda para hacer la primera llamada telefónica que les permitiera salir del aeropuerto.

En un tiempo relativamente corto, con mucho trabajo e innumerables sacrificios, han llegado a construir ustedes una comunidad económicamente «pujante» que, por otra parte, ha brindado en sus escritores, artistas, investigadores, y en los frutos de sus producciones, un aporte tal a la cultura cubana, que en el futuro será imposible escribir la historia de Cuba sin estudiar la contribución que han hecho a ella los cubanos que en estos años han vivido fuera de nuestro país.

No es menos cierto que llevamos a Cuba con nosotros dondequiera que estemos y que el ser cubanos comporta cargar también con nuestras viejas querellas, con el bagaje menos interesante de recuerdos tristes y dolorosos. Al tener que desarrollar las virtudes que nos ayudan a reafirmarnos frente a lo adverso, es común que se exacerben también los defectos que, en el reverso de la medalla, acompañan a toda virtud. Así, si nuestro esfuerzo por mantenernos firmes es constante y prolongado podemos llegar a cierta intolerancia o dureza en nuestras posiciones. Por esto es imprescindible encontrar la clave cristiana de interpretación de la realidad y el modo de expresión que le es connatural. Por eso he querido que esta visita se desarrolle en un clima de celebración cristiana, porque Cristo es el único que puede relativizar nuestros puntos de vista, nuestras miradas unilaterales, nuestras ansias justas o desproporcionadas.

Con ocasión de mi nombramiento para el Sacro Colegio, muchos han hablado del Cardenal de Cuba como puente tendido entre las islas de una nación en diáspora. Pero no es el Cardenal, es la Iglesia quien representa una singular entidad espiritual que condivide la experiencia de los cubanos de Cuba y del exterior desde dentro de ambas realidades, con un particular vínculo de fraternidad, y dándole a quien deja la Patria prácticamente la única posibilidad de continuidad, porque el amor de Dios, la fuerza transformadora del Evangelio, la paz y la verdad que Cristo nos dejó, son los mismos aquí y allá, porque la Virgen de la Caridad vela por su pueblo con amor de madre dondequiera que hay un cubano. Es cierto que el Santo Padre Juan Pablo II, al llamarme a formar parte del Colegio de Cardenales ha puesto en evidencia, cualificándola, la misión de la Iglesia de Cuba dentro y fuera del país, pero es nuestra pertenencia eclesial la que crea lazos, la que tiende puentes, la que mantiene una comunicación, y todo esto fundado en el amor cristiano que al decir de Pablo, supera toda filosofía, y no en otros intereses.

Esta es misión propia de la Iglesia y ella puede cumplirla en la medida en que es fiel al estilo de su Señor, a su metodología del amor como camino de superación de todas las crisis, a su dialéctica del sacrificio que redime y de la muerte que da vida. Para el servicio de esa Iglesia sacrificada y reconciliadora me ha llamado el Papa Juan Pablo II al Colegio de Cardenales, para reafirmar nuestra fe y nuestra esperanza en Cristo resucitado, vencedor del mal, del pecado y de la muerte.

En efecto, en ese misterio de muerte y vida se articulan el dolor, lo adverso y lo incomprensible y ésa es la manera propia que tiene Jesús de triunfar sobre el mundo. Como nos dice la carta a los Hebreos: *«Cristo, en el tiempo de su vida mortal con gritos y con lágrimas suplicó al que podía librarlo y fue escuchado».* Pero ¿cómo fue escuchado Jesús si el Padre lo dejó alzado entre cielo y tierra en lo alto de la cruz? Si allí experimentó toda la desolación del corazón humano hasta exclamar: *«Dios mío, Dios mío, ¿por qué me has abandonado?»*

No, el Padre no oyó a Jesús según el modo propio de los sumos sacerdotes y de los notables del pueblo de Israel que decían: *«Si es el Hijo de Dios que lo libre, que lo baje de la Cruz».* Pero lo escuchó llenándolo de fuerza para llevar la ofrenda de su vida hasta su consumación total y poder decir: *«Todo está cumplido».*

Jesús cumplió lo que había suplicado en su oración del huerto: *«Padre, si es posible aparta de mí este cáliz, pero que se haga tu voluntad y no la mía».* Y el Padre concedería a Jesucristo un triunfo que no se inscribe en el orden esperado de los acontecimientos, sino que entra en ese otro proyecto que es el designio de Dios, sólo conocido por Él, que sólo Dios puede llevar a término: Jesús se levantó victorioso del sepulcro. Su resurrección es la palabra definitiva de Dios.

Esto fue una piedra de tropiezo para los discípulos de Jesús. Ellos tuvieron que hacer un largo recorrido en el seguimiento de Cristo para dejar a un lado, cada uno de ellos, sus propios senderos: Pedro su fogosidad, Santiago sus cálculos, Tomás su incredulidad, todos su miedo, su incomprensión de que el reino de Cristo no es de este mundo. Cuántos valores nuevos debieron incorporar a sus vidas, qué duro le había resultado a alguno de ellos el aprendizaje en la escuela del amor, cuando trató de poner límites al perdón y le preguntó al Maestro las veces que debía perdonar al hermano. Qué impaciente y poco confiado el otro que le dijo al Señor: no nos hables más del Padre, muéstranoslo y nos basta, ¡qué interesados los que discutieron entre sí sobre los puestos que ocuparían en el Reino! Aún en el mismo momento antes de ascender al cielo le preguntaban a Jesús cuándo iba a restaurar la soberanía de Israel. ¡Hablaban de política!

Dos mentalidades, dos lenguajes, dos claves distintas de interpretación del mundo y de la historia: una terrena, humana, si se quiere necesaria; otra la del hombre que asciende a los cielos, sublime como Él mismo, imprescindible al hombre y a la mujer de fe, que nos hace levantar la mirada a lo alto, no para quedarnos plantados mirando al cielo, sino para que todo lo terrenal quede resituado en su verdadera dimensión; para que no hablemos sólo ni siempre, ni en primer término, el lenguaje de los intereses, de los gustos o preferencias, de los criterios propios, característico de este mundo de horizonte cerrado, que es el del humano sin referencia a Dios.

En su carta a los Efesios Pablo suplica *«que el Dios del Señor Nuestro Jesucristo, el Padre de la gloria, les dé espíritu de sabiduría y revelación para conocerlo. Que ilumine los ojos de su corazón para que comprendan cuál es la esperanza a la que los llama...»* Esta oración yo la hago mía por el pueblo cubano de aquí y de allá.

Es saber esto lo que nos abre ante nosotros nuevas perspectivas y nos devuelve la alegría de vivir. *«Ellos regresaron a Jerusalén con gran alegría y estaban siempre en el templo bendiciendo a Dios»*. Los ángeles les habían pedido que no se quedasen plantados mirando al cielo y ellos volvieron a mirar a la tierra, pero ya con otros ojos. Nadie que ha fijado de veras su mirada en Jesucristo puede volver a contemplar la vida siguiendo el modo habitual de ver los acontecimientos.

«Porque ese Jesús que ahora ven partir vendrá de nuevo». *Y cuando venga el Hijo de Dios con sus ángeles convocará a todos los hombres y llamará a su derecha a algunos que Él proclamará «benditos de mi Padre» y los invitará a disfrutar del Reino, «porque tuve hambre y ustedes me dieron de comer, tuve sed y me dieron de beber, estuve desnudo y me vistieron, enfermo y en la cárcel y me fueron a ver»... Y ¿cuándo, Señor, te vimos así y te asistimos? «Cada vez que lo hicieron a uno de esos, los más pequeños, a mí me lo hicieron»*.

Vale la pena traer a la memoria dos referencias de José Martí a la fe religiosa: *«Sólo los seres superiores saben cuánto es necesaria y racional la vida futura»*. (Escr. Eur. Vol. II Pág. 1102); *«el culto es una necesidad para los pueblos. El amor no es más que la necesidad de la creencia: hay una fuerza secreta, que anhela siempre algo que respetar y en qué creer»*. (Escr. Mex. Vol. II, Pág. 691)

Los cubanos estamos conmemorando este año el centenario de la muerte en combate de José Martí, apóstol y artífice de nuestra Independencia. En su pensamiento, de indiscutible raigambre cristiana, él establece una relación de necesidad entre la fe religiosa y el amor.

Es otro modo de expresar lo que el mensaje bíblico de este domingo de la Ascensión nos ha presentado: que quienes fijamos los ojos de la fe en el Cristo del cielo debemos mirar con amor a los hermanos en la tierra, especialmente a los pobres y a los que sufren.

Varias razones, pues, tenemos los cubanos para sentirnos invitados al amor, que debe producir la unidad y la paz en todos los que integramos nuestra nación, dondequiera que estemos: Primero nuestra tradición cristiana y aún nuestra fe en Jesucristo que quiere que nos amemos unos a otros y que así sepan todos que somos sus discípulos.

Otra especial razón para que los lazos del amor unan a nuestro pueblo es la de tener como apóstol de nuestra independencia a José Martí, quien en su obra patriótica levanta como estandarte el amor y lo exalta de muchos modos en su creación literaria y poética. Ese amor que le hace cultivar rosas blancas para sus amigos y para sus enemigos.

Un amor que Martí considera como instrumento privilegiado para comprender la vida, la historia y el hombre mismo, que es para él una especie de sentido exclusivo del corazón humano para percibir la realidad: «*Es el amor quien ve*»..., sentenciará el Maestro.

Es consolador saber que el artífice de la libertad de Cuba, aquél que plasmó con su pensamiento el contorno y el talante de la Patria, al desplegar su misión de aunar voluntades para alcanzar la libertad de nuestra nación, lo haya hecho como un abanderado del amor. Por eso, en este año en que se cumple el centenario de su muerte, todo cubano tiene que examinarse sobre el lugar que ocupa el amor en su relación con la Patria. Amor que Martí sembró como semilla en la tierra cubana, regada con su propia sangre.

Dejemos la palabra al Maestro que habla de su siembra: «*Todos los árboles de la tierra se concentrarán al cabo en uno, que dará en lo eterno suavísimo aroma: el árbol de tan robustas y copiosas ramas, que a su sombra se cobijarán sonrientes y en paz, todos los hombres*».

Queridos hermanos y hermanas: En esta etapa de nuestra historia nacional tenemos que redescubrir esa fuerza bienhechora del amor, que al decir de la 1ª Carta a los Corintios, «*no lleva cuentas del mal, se goza con el bien, todo lo aguanta, todo lo espera*».

La razón que más emocionalmente nos toca, con sentido patriótico y cristiano a la vez, para que el amor de hermanos supere todas nuestras divisiones como pueblo es la protección amorosa de la Madre de Jesús, la Virgen de la Caridad, nuestra Patrona, que Dios nos quiso entregar precisamente con ese dulce título: *Nuestra Señora del Amor*.

Ella ha congregado siempre, desde los albores de nuestra nación a todos sus hijos en los momentos alegres y en las horas de tristeza y de dolor. Su sola imagen, que es también un símbolo de la Patria, invita al perdón, a la reconciliación y a la paz entre todos los cubanos.

Por todas estas razones mi visita a ustedes y toda otra que haga a los cubanos en cualquier parte del mundo se hace bajo el signo del amor. No podría ser otro el mensaje que les dejara un sacerdote de Jesucristo, un Obispo, un Cardenal de la Iglesia. Si no repitiera incansablemente ese llamado al amor no sería fiel al Señor Jesús, ni al pensamiento fundante de la patria, que se expresa en el Padre Varela y en José Martí, ni podría cobijarme bajo el manto de la Virgen de la Caridad del Cobre, que abraza a todos sus hijos cubanos por igual.

Queridos hermanos cubanos: si por la fe católica somos de veras capaces de fijar nuestra mirada en Cristo, de forma que podamos relativizar las incidencias buenas o malas de nuestra historia, si dejando a un lado suficiencias chocantes tanto los de aquí como los de allá, empezamos a darnos un testimonio de humildad recíproca, entonces sí estaríamos en condiciones de responder a la vocación al amor para la cual Dios ha dotado singularmente al cubano, pues somos un pueblo afable, acogedor, cariñoso y desprendido. Como cristianos, estaríamos cumpliendo así nuestros compromisos bautismales, viviendo como verdaderos hijos de Dios que aman a sus hermanos y como cubanos seríamos fieles al legado de los fundadores de la Patria, ante todo de nuestro José Martí, en cuya obra y acción hay un continuo reclamo de amor entre los hijos de nuestro pueblo.

Queridos hermanos y hermanas; que todos podamos merecer la Madre que Dios quiso darnos en la Virgen María de la Caridad. A Ella una vez más, en nuestro peregrinar como nación, le pedimos que reine el amor entre todos los cubanos.

PALABRAS EN LA UNIVERSIDAD DE SANTO TOMÁS[9]

Excmo. Mons. John C. Favarola, Arzobispo de Miami, Excmo. Mons. Agustín Román, Obispo Auxiliar de Miami, Sres. Presbíteros, muy reverendo Padre Rector y distinguido Claustro de Profesores de la Universidad de Santo Tomás.

Aunque en el último programa, que me hizo llegar el querido hermano Mons. Agustín Román, no aparecía una alocución con ocasión de la entrega que me hace este Prestigioso Centro de Estudios del título de Doctor Honoris Causa, queriendo caritativamente no recargar mi programa, me parece que se imponen en esta ocasión tan especial algunas palabras que exalten más que la significación personal de este acto, que valoro altamente, su particular sentido en el ámbito de las históricas relaciones culturales de los Estados Unidos de Norteamérica con mi país.

La proximidad geográfica entre Cuba y Estados Unidos, y la fluida e ininterrumpida concurrencia de ambos pueblos ante los avatares de una historia que no ha cesado de implicarlos, ha creado lazos que, aunque susceptibles de diversa valoración, son innegables y reclaman el responsable empeño de una sana interpretación.

En el curso de la época moderna se ha pasado del predominio de las relaciones comerciales a la mutua influencia cultural, llegando a niveles, en grados y extensión, nunca vistos con anterioridad a los años que corren. En los intereses compartidos en la actualidad, y como para refrendar y perpetuar la mutua influencia, no se puede desconocer la activa presencia de más de un millón de cubanos, e hijos de cubanos, que residen en los Estados Unidos y que han emparentado con nacionales de este país y, en no pocos casos, la categoría de los cubanos americanos es poderosamente influyente, tanto en la vida económica como política de los Estados Unidos, sin olvidar la traslación a este país, y la resistente conservación de costumbres y tradiciones que pertenecen al alma cubana.

Ya en tiempos en que se gestaba el ideal de independencia de Cuba, el pueblo norteamericano y su recién estrenada Constitución ejercieron un gran influjo tanto en la consolidación del pensamiento como en la anuencia

---

[9] Al recibir el doctorado Honoris Causa.

de las voluntades que procurarían los medios adecuados para liberar a Cuba del dominio español. Baste citar a modo de ilustración el magisterio moral y la labor periodística del P. Félix Varela, ejercidos en Estados Unidos y la incansable gestión unificadora de José Martí, realizada en estas tierras.

Es de justicia reconocer que fueron los cubanos exiliados en el sur de Estados Unidos, durante el siglo XIX, los que con cariño y responsabilidad dieron abrigo y calor a las ideas martianas, remediando la frialdad sufrida por el apóstol en sus años de Nueva York.

Fue precisamente a partir de la visita que hiciera Martí a Tampa y a Cayo Hueso que comienza la última etapa de la preparación a la guerra de Independencia. Fueron insustituibles en la consolidación del proyecto martiano las ayudas que, material y moralmente, ofrecieron tanto los obreros del tabaco, como hombres de otro oficio y representantes de las clases más acaudaladas.

Es aleccionador señalar que el sacrificio de aquellos cubanos movilizó las voluntades de los cubanos de la Isla, quienes por su representatividad y por su número, fueron ganados para la causa de la independencia. Su participación resultó decisiva para la consecución de la victoria sobre España.

En su discurso en la Sociedad Económica de Amigos del País en la Habana el 9 de enero de 1934, Don Fernando Ortiz expresa su punto de vista sobre las peculiares relaciones que ha existido entre los Estados Unidos y Cuba.

«La influencia de los Estados Unidos en la vida de Cuba es innegable, es permanente, es intensísima, es hoy inevitable; y se manifiesta para el bien o para el mal, según los impulsos que la mueven y los hombres que la dirigen». Reconociendo este hecho con simple objetividad, Don Fernando analiza la gama de posturas que pueden tomarse frente a él.

«Frente al factor americano, unos se le han sometido, abiertamente o encubiertos, y hasta lo han ayudado para el abuso; otros lo han combatido a ultranza y hasta se han negado a reconocer su existencia, como si fuera un espectro de la fantasía; otros lo hemos aproximado a pleno sol, sin servilismos ni altiveces, sin desplantes ni pavores, y apartando de la enmarañada madeja de los influjos americanos aquellas fibras retorcidas en la soga que amenaza estrangularnos, hemos tratado de ir tejiendo con las hebras de más puro hilado de aquel pueblo, la trama de nuestros tan independientes como coordinados destinos» (ídem).

Claramente el ilustre polígrafo cubano toma partido por una posición moderada y realista en las complejas relaciones Cuba-Estados Unidos, y adelantándose algo al criterio de interdependencia que sirve para orientar hoy las relaciones internacionales, trata de sacar provecho de los aspectos positivos de esta proximidad geográfica y de destinos.

«No hay un solo verdadero y puro interés del pueblo americano, que contradiga los fundamentales intereses del de Cuba, y viceversa. La geografía nos ha hecho vecinos, la historia nos ha hecho parientes, el trato nos ha hecho amigos, la economía nos ha hecho socios, los tratados nos han ligado... Impidamos que un puñado de extraviados, de uno y otro país, perturben el desarrollo de esta armónica colaboración en la obra de la civilización universal». (idea)

Es sabido de todos cuánto se ha difundido el pensamiento de Martí con respecto a Estados Unidos donde nuestro apóstol pone en guardia, no sólo a Cuba, sino a la América Latina frente al poder económico, político y militar de la gran nación del Norte. Se ha hecho proverbial su frase *«He vivido en el monstruo y conozco sus entrañas».* Pero Martí no consideraba únicamente los aspectos preocupantes, amenazantes o aún monstruosos de la inmensa nación americana. Al vivir aquí, él conoció también lo grande del sueño americano y lo magnífico de sus realizaciones.

«En los fastos humanos, nada iguala a la prosperidad maravillosa de los Estados Unidos del Norte. Si hay en ellos falta de raíces profundas; si son más duraderos en los pueblos los lazos que ata el sacrificio y dolor común que los que ata el común interés; si esa nación colosal, lleva o no en sus entrañas elementos feroces y tremendos; si la ausencia del espíritu femenil, origen del sentido artístico y complemento del ser nacional, endurece y corrompe el corazón de ese pueblo pasmoso, eso lo dirán los pueblos. Hoy por hoy, es lo cierto que nunca muchedumbre más feliz, más jocunda, más bien equipada, más compacta, más jovial y frenética ha vivido en tan útil labor en pueblo alguno de la tierra, ni ha originado y gozado más fortuna ni ha cubierto los ríos y los mares de mayor número de empavesados y alegres vapores, ni se ha extendido con más bullicio orden e ingenua alegría por blandas costas, gigantescos muelles y paseos brillantes y fantásticos». (Coney Island, 13 de diciembre de 1881)

Martí considera no sólo factor del crecimiento económico y avance social, sino como la clave de la prosperidad de los Estados Unidos la acogida a los inmigrantes. Esta consideración suya es de plena actualidad y merece citarse:

> *«He aquí el secreto de la prosperidad de los Estados Unidos: han abierto los brazos. Luchan los hombres por pan y por derecho, que es otro género de pan; y aquí hallan uno y otro, y ya luchan. No bien abunda el trigo en los graneros, o el goce de sí propio halaga al hombre, la inmigración afloja, o cesa; mas cuando los brazos robustos se fatigan de no hallar empleo, —que nada fatiga tanto como el reposo—; cuando la avaricia o el miedo de los grandes trastorna los pueblos, la inmigración como marea creciente hincha sus olas en Europa y las envía a América».* (Nueva York, 7 de enero de 1882)

Es de notar que Martí destaca que el inmigrante busca dos cosas fundamentales: el pan y el derecho. En el pensamiento martiano el derecho es tan importante como el pan. Y constata José Martí que en esta tierra americana se encuentran lo uno y lo otro.

Si bien en la raíz de nuestro pensamiento nacional, cuyo primer exponente original y cronológico es el Padre Félix Varela, hay siempre una clara opción por la independencia política de Cuba: *«Cuba ha de ser tan isla en lo político como en lo geográfico»*, (P. Félix Varela, Escritos Políticos), en lo cultural nuestra Isla miró siempre hacia los Estados Unidos y aún más hacia Europa.

La cultura cubana no se ha detenido ni siquiera en los tiempos en que la intransigencia ideológica y la imposición de mentalidades y modelos foráneos, por demás extraños a nuestra idiosincrasia, constituyeron la referencia obligada del pensamiento y de la expresión.

Durante dos largas décadas, 1965-1989, la cultura cubana ha ejercitado la difícil virtud de integrar de matrices diversas aquellos componentes válidos que no sólo satisfacen curiosidades intelectuales, sino que, además, enriquecen el propio patrimonio cultural mediante la posesión de claves interpretativas de la existencia humana, éstas de firme raigambre milenaria y de acumulada y probada sabiduría. Es el caso de numerosos cubanos que aprendieron los más diversos idiomas eslavos, que convivieron con tradiciones populares desconocidas, que emparentaron con hijos e hijas de pueblos portadores de un acervo no siempre contaminado por la ideología dominante. Todo esto convive hoy, y no es difícil prever su conservación generacional sucesiva, en esposos y esposas, en padres, ya adultos, de hijos que mezclan en su sangre y en sus almas las improntas más disímiles. Esto, lejos de ser un síntoma de pobreza cultural y un justificado lamento de tiempo perdido, constituye, por el contrario, una muestra de crecimiento cultural enriquecedor.

La emigración reciente de cubanos ha traído también a estas costas esa nueva complejidad cultural que ha venido a sumarse a lo español, lo africano y en menor grado a lo asiático, en la expresión de lo cubano. Llegan a estas tierras en busca de nuevas síntesis y habrá que prever futuras afirmaciones de una identidad sui géneris.

Aquí está la Universidad, lugar de encuentro, posibilidad maravillosa para pensar la vida, la historia y la cultural de los pueblos. La universalidad de la fe Católica le confiere un papel preponderante a la Universidad, para que la síntesis que cada generación debe hacer integrando «lo nuevo y lo viejo» se haga también entre lo diverso de las culturas que se entrelazan en esta encrucijada de pueblos que es la región sur de la Florida. Esto debe hacerse con particular cuidado a la identidad cultural propia de cada país o región.

La Universidad de Santo Tomás ha aceptado ese desafío y en su quehacer mira seguramente al futuro. El Sur de la Florida es una gran frontera cultural entre dos mundos, la América del Norte y la del Sur, que tienen un destino común, pero no idéntico. Miami es centro mercantil, financiero y punto de irradiación de la nueva cultura, que difunden los *massmedia*, muchos de los cuales tienen aquí sus centros de emisión.

Creo que lo que engrandece a una Universidad es saber establecer clara y firmemente su propia línea orientadora, y esto es fundamental en una Universidad Católica, y estar abierta a los retos y exigencias del medio social y cultural donde se halla.

Pero no olvidemos lo esencial de la Universidad: sembrar inquietudes, aquellas buenas inquietudes que despiertan el interés, aguzan el ingenio, mueven a la investigación, pero también generan respuestas éticas adecuadas, alternativas válidas para un mundo mediocremente uniforme. ¡Qué alto honor para mí que un Centro con estas altas responsabilidades, que tiene una tradición de participación cubana en sus aulas, no sólo aquí, sino en mi Patria; que ha cosechado tan buenos frutos y ganado tan merecido prestigio, haya querido subrayar esos lazos que deben unir a las dos Américas y que deben acercar cada vez más a los cubanos de Cuba y del Sur de la Florida, otorgando la distinción de un Doctorado Honoris Causa al Cardenal cubano.

Con honda gratitud recibo tan alta distinción, personalmente inmerecida, pero cargada de significación para la Iglesia en Cuba y para mi amada Patria. Muchas gracias.

PALABRAS EN LA UNIVERSIDAD DE BARRY[10]

Excmo. Sr. John Favarola, Excmo. Sr. Agustín Román, distinguidas Hermana Jeanne O'Laughlin O.P., Presidente y D. Inez Andreas, Directora de la Junta de Regentes, Sr. Rector y claustro de profesores de este alto Centro Docente, Señoras y Señores.

Desde antes de conocer la fecha probable de mi viaje a Miami esta Universidad de Barry, me hizo llegar una invitación para que la visitara. Me comunicaba al mismo tiempo el acuerdo de otorgarme el título de Doctor «Honoris Causa» que confiere esta prestigiosa institución.

Agradezco vivamente este alto honor que en mi persona la Universidad de Barry confiere a la iglesia Católica de Cuba y al pueblo cubano.

A la Iglesia Católica cubana porque el que resulta inmerecidamente distinguido es Cardenal de la Iglesia y ejerce su ministerio episcopal en Cuba como Arzobispo de La Habana. Al pueblo de Cuba, porque ese Cardenal Arzobispo de La Habana es cubano y todo lo que a mí me honra, honra también a mi amada Patria. Expreso de antemano mi gratitud por este gesto que cobra también una especial significación y contribuye a los empeños de la Iglesia Católica por acercar cada vez más las comunidades eclesiales de Cuba y del Sur de la Florida, unidas por su común fe católica. El estrechamiento de esos lazos puede llegar a ser un medio privilegiado para impulsar **la concordia y la unidad** entre todos los cubanos.

Un centro de estudios como éste es una hermosa realización que participa en el desarrollo intelectual, técnico y profesional de la gran nación americana, desde su identidad católica.

Para nosotros en Cuba, un proyecto así es actualmente impensable, pues toda la educación primaria, secundaria y superior es dirigida por el estado. Sin embargo, la Iglesia Católica en Cuba siempre aspira a tener sus propios centros de enseñanza como los tiene en tantos países del mundo y como los tuvo en el pasado en nuestro país, de acuerdo a la tradición de educación cristiana que hubo en Cuba desde los inicios de la colonización española.

---

[10] Al recibir el doctorado In Honoris Causa el 28 de mayo de 1995.

La historia de la educación en Cuba encuentra sus raíces a principios del siglo XVI, cuando también comienza la colonización. La educación en Cuba nació cristiana debido a varios motivos.

Se iniciaba en un marco de cultura cristiana, más en concreto, de la cultura católica propia de la Reconquista y del apogeo político de la Casa de los Austria.

El primer maestro cubano es el sacerdote nativo Miguel Velázquez, a quien se le confía esta tarea. A sacerdotes y religiosos les corresponde mayormente la continuación de esta labor hasta inicios del siglo XIX.

Indudablemente existe una específica inspiración cristiana en los agentes, métodos, estilos y contenidos de la educación en Cuba, aún en las disciplinas estrictamente seculares.

Hasta el año 1670 no se encuentra el vivo deseo de fundar un centro universitario en Cuba. Corresponde a la iniciativa del fraile dominico Diego Romero, prior de la provincia eclesiástica de Santa Cruz de las Indias, la petición al cabildo habanero para crear una universidad en el convento de San Juan de Letrán de La Habana. Las gestiones no prosperaron de inmediato hasta que en 1721 el Papa Inocencio XIII, por el Breve Apostólico *Aeternae Sapientiae* creó la Universidad de La Habana, la cual no se fundó hasta el 5 de enero de 1728, prácticamente dos siglos más tarde de que se fundara la primera universidad en el Nuevo Mundo, en este caso, la de Santo Domingo en 1538.

La primera universidad surgía como Real y Pontificia, debido a la naturaleza de su doble origen (la sujeción al Real Patronato y el Breve Pontificio). Llevaba el nombre de San Jerónimo, aludiendo al nombre de quien era obispo de Cuba en aquel entonces: Jerónimo Valdés. El número de cátedras ascendía a 21, repartidas en las siguientes materias: Teología (a cargo de los frailes dominicos), Leyes, Cánones, Medicina, Artes (Filosofía), Matemáticas, Sagradas Escrituras, Retórica y Gramática, a cargo de seculares.

No se puede hablar de la enseñanza universitaria en Cuba, sin mencionar la extraordinaria labor realizada por el Seminario «San Carlos y San Ambrosio», fundado por el rey Carlos III en el año 1772. Por sus planes de estudio, el seminario estuvo afiliado a la Real y Pontificia Universidad de La Habana; de modo que podía preparar a sus alumnos para grados académicos, no sólo de carácter teológico; sino además para los de carácter secular. Al seminario de La Habana venían a estudiar alumnos que se preparaban para recibir las Sagradas Órdenes junto con los que se formaban en Filosofía, Letras, Derecho y Ciencias.

El seminario tuvo su época de oro, que podemos fijar entre el año 1790 y 1842. En 1790, llega a Cuba el más excelente de los gobernantes españoles que rigió la isla durante los cuatro siglos de dominación española. Don Luis de las Casas, hombre iluminado, hijo de su época, la del Despotismo Ilustrado, trajo a Cuba aires de renovación encaminados a elevar el nivel económico, político y social de esta porción de España que ya después del fin de la dominación inglesa, comenzaba a ver el nacimiento de las primeras semillas de su nacionalidad.

El influjo renovador de Las Casas en la vida de Cuba se sintió por sus efectos en las aulas del seminario. El Padre José Agustín Caballero, profesor y vicerrector del seminario durante muchos años, fue uno de los principales colaboradores de Las Casas. Él es el Padre de nuestra Filosofía —así lo llamó Martí—, porque a él se debió el inicio de la renovación de los estudios filosóficos en el seminario de La Habana, que es lo mismo que decir en Cuba. A dos cuadras del seminario, permanecía la vieja universidad; vieja en su edificio, vieja en sus estudios —se dice que tenían dos siglos de atraso—, vieja en sus profesores, quienes no hallaban modo de quitarse de encima el vetusto Peripato. Aquella universidad no respondía en su enseñanza a la nación que nacía; por eso los hombres más lúcidos de esa nación encontraron en el seminario «San Carlos y San Ambrosio», el centro capaz de proporcionarles maestros, estudios, métodos, pero sobre todo nuevas ideas, a fin de construir la nueva patria. Sólo así es explicable que en los inicios de la tercera década del siglo XIX, el seminario llegase a tener una matrícula de 700 alumnos.

Félix Varela, José Antonio Saco, José de la Luz y Caballero, Nicolás Escobedo, Carlos Manuel de Céspedes, Rafael María de Mendive, Domingo del Monte y Cirilo Villaverde, constituyen lo mejor del alumnado del seminario en su época de oro; al mismo tiempo que son las células fundacionales del pensamiento netamente cubano. Ellos aprendieron a pensar como cubanos y produjeron un pensamiento cubano en lo filosófico, lo político, lo social, lo económico y lo cultural.

También Martí llamó a José Agustín Caballero, el Padre de los Pobres. No se equivocó, porque nadie puede contradecir que la educación del Seminario San Carlos, en su época de oro, tuvo un marcado carácter de transformación de la realidad sociopolítica. Igual calificativo podríamos aplicar al resto de los prohombres antes mencionados.

El Padre Félix Varela continuó la obra renovadora del Padre Caballero, ahora sostenido por quien desde el año 1802 ocupó la silla episcopal habanera, el obispo Juan José Díaz de Espada y Landa. Hijo también del pensamiento iluminista. Nuestro Martí le dio un hermoso calificativo: *«El más cubano de los españoles»*. Otros lo llaman *«el más grande de los obispos habaneros en el pasado»*. Espada no se limitó a un quehacer estrictamente cultural; sino que su presencia beneficiosa se hizo sentir en los más variados aspectos de la vida nacional llevándoles progreso humanizador. Si Varela pudo hacer toda la renovación de la enseñanza en el seminario San Carlos, fue porque Espada la quería realizar y por eso lo apoyó.

En el seminario, Varela cambió el Latín por el Español en las clases, transformó la enseñanza de la filosofía, correspondiente a la decadencia de la segunda escolástica, por métodos más positivos y racionales; introdujo la enseñanza de la Física y la Química Experimentales; finalmente se crearon las cátedras de Economía Política y Derecho Constitucional. ¿Qué más pedir para una reforma de la enseñanza, realizada en un período menor de diez años? La reforma vareliana no dejaba aspectos de la vida integral de los hombres sin tocar. Constituye un modelo de enseñanza integral —en el marco de su época—, para conformar un modo peculiar del pensamiento de una nación. Los efectos de esa enseñanza marcaron la vida de la nación cubana durante el siglo XIX hasta llegar a Martí en el 95 glorioso.

Un análisis riguroso de los contenidos de la enseñanza del seminario «San Carlos» nos conduce a descubrir una realidad: todos iban dirigidos a la promoción del hombre cubano de fines del siglo XVIII y la primera mitad del siglo XIX. El carácter humanista de los estudios del seminario habanero en este período es evidente y singular. El objetivo de la enseñanza humanista del seminario habanero sobrepasó las metas de aquellos hombres que concibieron tal objetivo. La historia de la educación en Cuba, y aún más, la historia de Cuba, quedará marcada de modo indeleble por todo aquello que en esta institución se fraguó. Minorías selectas, al decir de Medardo Vitier, influyeron de modo insospechado sobre la vida de una nación, porque los objetivos de una verdadera educación han de medirse por el grado de formación humana, social, política y económica que alcanza; en una palabra, el influjo ético de la formación académica de este alto centro eclesiástico queda patentizado en los frutos del mismo no sólo en la vida eclesial cubana, ni siquiera en una etapa de la historia de la nación; sino en toda la historia a partir de la última década del siglo XVIII.

Pero pudiéramos preguntarnos, ¿qué subyacía en el fondo de este interés antropológico de la enseñanza impartida en nuestros seminario durante sus años áureos? La renovación de esta enseñanza se efectúa en un ambiente moral cristiano. Sus principales promotores fueron hombres de Iglesia, algunos de ellos murieron con fama de santidad; otros constituyen un ejemplo de vidas intachables. El desinterés y la abnegación se evidencian en todos. Sus vidas son una muestra de coherencia y rectitud. No es difícil encontrar a flor de tierra los valores del Evangelio de Jesús presentes, no de modo superfluo sino sustancial. Las raíces de la enseñanza impartida en el seminario «San Carlos y San Ambrosio» durante su época de oro encuentran sus raíces en el cristianismo.

La lucha por la promoción de la dignidad humana y los valores de la libertad, la justicia, la fraternidad, la verdad, el amor a la Patria y a su progreso enseñados en «San Carlos» se nutren en la siempre fresca savia del cristianismo. La nacionalidad cubana nació cristiana, independientemente del rumbo que se le haya podido dar después; y esto se debió a la patriótica y cristiana labor de aquellos hombres que, según palabras de Chacón y Calvo, representan al Patriarcado de la nación.

Las corrientes sociales y políticas vigentes en Cuba a lo largo de la pasada centuria, encuentran su punto de partida en la atmósfera educativa del seminario durante la etapa de su historia a la cual nos referimos. El antiesclavismo, el reformismo, el independentismo y el antianexionismo hallan el origen de sus hilos conductores en el ambiente nacionalista de los hombres que se formaron en las aulas del seminario.

Por el antiesclavismo lucharon el Padre Caballero, el Padre Varela, José Antonio Saco y José de la Luz y Caballero. El primero de ellos, ya a finales del siglo XVIII calificó a la esclavitud como «la mayor maldad civil que han cometido los hombres» y llamó a los esclavos «nuestros hermanos y prójimos a quienes debemos tributar la más sincera compasión y benevolencia». Él hizo ver a los ricos de su tiempo, miembros de su clase y alumnos de sus aulas, que eran aquellos, los esclavos, los «brazos que sostienen nuestros trenes, mueblan nuestras casas, cubren nuestras mesas, equipan nuestros roperos, mueven nuestros carruajes y nos hacen gozar de los placeres de la abundancia». Por su parte, José de la Luz y Caballero llamó a la esclavitud «nuestro veneno, nuestra lepra social, nuestro pecado original».

La corriente reformista que proponía un conjunto de mejoras encaminadas a elevar el nivel autonómico, económico y social de la nación, aunque sin que ésta tuviese que romper sus lazos con España también fue formulada por algunos alumnos y profesores del colegio seminario. Ellos contribuyeron, a su modo, a concebir un proyecto de vida nacional que dignificase a Cuba, Y lo hicieron valer a lo largo de todo el siglo XIX cubano, nutriéndose del pensamiento humanista aprendido dentro de los muros del viejo caserón.

El independentismo encuentra en el Padre Félix Varela su primer exponente de clara trascendencia. Sus escritos políticos revelan la talla del pensamiento independentista de Varela, exento de todo utilitarismo y lleno de un inmaculado patriotismo. El origen de las ideas independentistas en Cuba hay que irlas a buscar al pensamiento del Padre Varela. Éste concibió a Cuba tan isla en lo político como en lo geográfico. Enseñó a pensar, porque así se empieza a ser libres. Cantó a la libertad con su pensamiento y su propia vida, alimentada ésta desde el sacerdocio de Jesucristo. Profeta, sacerdote y cristiano son las distintas dimensiones del Padre Varela que se imbrican íntimamente para dar a luz al patriota.

El anexionismo no estuvo presente en ninguno de los hombres de «San Carlos». Sus gestores más notables, así como la estructura de su pensamiento, los hallamos fuera del recinto situado en la vieja calle de San Ignacio. Uno de los alumnos —y luego profesor— del seminario en su dorada etapa, el publicista José Antonio Saco, representa la voz más alta del antianexionismo en aquellos tiempos en los que algunos cubanos volvían su mirada a la gran nación del norte como solución de los problemas de la Isla. Saco diría *«La anexión, en último resultado, no seria anexión, sino absorción de Cuba por los Estados Unidos».* También afirmaría: *«Yo desearía que Cuba no sólo fuese rica, ilustrada, moral y poderosa, sino que fuese Cuba cubana y no angloamericana».* De manera clarividente Saco se oponía no sólo a la anexión político-económica, sino a lo que sería un mal peor: la anexión cultural. Este pensador, que jamás fue independentista, supo expresar desde su pensamiento reformista, antiesclavista y antianexionista lo más sagrado de la cubanía patria, que es la lucha por la identidad nacional.

En 1842 la Universidad de La Habana se seculariza como consecuencia de la extinción de las órdenes religiosas en todo el territorio español. Los frailes dominicos fueron exclaustrados y la dirección de la universidad pasó al gobierno de la metrópoli que nombró una administración laica. Un nuevo plan de estudios fue puesto en vigor y con ello al Real Colegio Seminario de San Carlos y San Ambrosio se le suprimió la facultad de la enseñanza académica de carácter secular, dejándosele exclusivamente los estudios propios de la formación sacerdotal. Con esta medida se cierra lo que hemos venido llamando Época de Oro del seminario.

Existe un cierto vínculo entre el seminario y Martí. El eslabón viene dado a través de su maestro, Rafael María de Mendive, quien fuese alumno laico del seminario. No es exagerado pensar que en la formación del Apóstol de Cuba estuviese presente todo el caudal espiritual, moral y patriótico que corrió por las aulas del glorioso centro de estudios. El seminario es la cuna de la nacionalidad cubana, y Martí constituye el exponente más elevado de esta nacionalidad. El pensamiento antiesclavista, independentista y antianexionista, nacidos de la enseñanza fundacional del seminario alcanza en Martí sus expresiones más elevadas. Tales ideas cobrarán estructura orgánica en el pensamiento martiano, se plasmarán en el Partido Revolucionario Cubano y se concretarán en la praxis martiana para edificar la república cordial.

Los valores cristianos de libertad, igualdad, fraternidad no excluyente, abnegación, desinterés, amor promocional al hombre, que están en los cimientos de la enseñanza ética del seminario de La Habana, son percibidos de modo claro en el pensamiento y en el quehacer martiano. Martí no habla de odios, de revanchas, de divisiones de inspiración maniquea, y de opción por el poder hegemónico. El Apóstol de la Independencia hablará siempre de unidad; su quehacer político tiene la impronta de la unidad que se fabrica desde el pluralismo. Su biografía demuestra que no era un hombre de capillas ni de círculos cerrados, porque estaba convencido que la identidad nacional no podía construirse sin las bases del *con todos y para el bien de todos*.

Asistimos hoy a una vuelta al pensamiento martiano en su integridad. Este año del centenario de la caída en combate de Martí, ha servido para reforzar la acción de su pensamiento en la vida de los cubanos. Retornar a Martí, que es el cubano excepcional, cuyo pensamiento tiene contenido y resonancia universal, es reencontrar a nuestros próceres y a aquellos que formaron con su pensamiento y el testimonio de sus vidas el sentir nacional cubano. Porque Martí no es un hombre aislado, sino que en comunicación con sus coetáneos es el heredero de esa tradición independentista, antiesclavista, antianexionista de nuestro Seminario San Carlos. Como hemos visto, no sólo el pensamiento que se forja en esta noble institución, sino la integridad de vida de quienes lo sustentaban, habían hallado su inspiración y su modo propio de configuración y expresión en la fe cristiana.

Por eso en este año de análisis y reflexión sobre la obra martiana es frecuente encontrar en centros de estudio, en forums nacionales e internacionales tenidos en La Habana o en otras ciudades de Cuba, temas como «el amor en la obra de Martí», «el pensamiento cristiano en Martí», etc.

La vuelta a nuestras raíces como nación nos hace redescubrir invariablemente la impronta cristiana en nuestro ser nacional. Esto puede ayudarnos a muchos cubanos a forjar actitudes nuevas, enraizadas en convicciones originariamente cristianas, pues todos reconocemos que el pensamiento de los fundadores de la Patria tiene plena vigencia.

De ahí la importancia de una educación cristiana actualizada y fiel al mensaje de Cristo y a su Iglesia. Trabajar por ella es hacerlo no sólo para la generación presente, sino para los tiempos futuros.

Da ahí nuestro aprecio y alta valoración del trabajo universitario y el sentido particular que confiero a esta dignidad que me otorga la Universidad de Barry. Muchas gracias.

Catedral de Ciego de Ávila

EPÍLOGO

La visita del Papa Juan Pablo II a Cuba [Enero 21 al 25, 1998] pudiera ser considerada tal vez como el momento de mayor dramatismo en la historia eclesiástica del país. De todos los viajes realizados por el Obispo de Roma, felizmente reinante, ninguno había recibido una atención tan grande por parte de la prensa internacional. Ni siquiera la primera peregrinación que realizó a Polonia después de su ascensión al solio pontificio despertó un interés tan prolongado. Pero lo más significativo de todo pudiera ser la condición de acontecimiento culminante en la larga historia de la presencia de la Iglesia Católica Romana entre los cubanos.

La publicación de los discursos y documentos de la visita papal constituye una contribución apreciable no solo al estudio de detalles significativos del acontecimiento en cuestión sino que puede considerarse como un aporte a los estudios históricos sobre la Iglesia en Cuba. Independientemente de consideraciones acerca del pasado, presente y futuro de la nación cubana, que requerirían más tiempo y reflexión, la lectura de estos materiales contribuye al adecuado marco de referencia para el análisis de la situación religiosa del país.

En esta última década del siglo XX, el resurgimiento del cristianismo en Cuba debe ser considerado como una de las noticias mas alentadoras en el acontecer religioso internacional. El fortalecimiento de la Iglesia Romana a nivel mundial durante el pontificado de Juan Pablo II ha coincidido con controversias teológicas, eclesiásticas y de otro tipo, lo cual ha atraído la atención de observadores y periodistas; la enorme actividad y expansión del islamismo y de sus sectores fundamentalistas ha cambiado el destino de naciones enteras; el crecimiento impresionante del protestantismo evangélico en Iberoamérica es otra de las grandes noticias de nuestro tiempo como también es importante el regreso a los altos círculos de poder de la antiquísima Iglesia Ortodoxa Rusa en comunión con el Patriarcado Ecuménico de Constantinopla. A lo anterior se suma ahora el regreso gradual de Cuba a la condición de país situado bajo cierto grado apreciable de influencia religiosa.

Después de más de tres décadas en las cuales la religiosidad cubana sólo impresionaba a cierto tipo de observadores por su carácter sincrético, la misma se ha acercado de nuevo a las estructuras más tradicionales, representadas por la Iglesia Católica Romana y otras confesiones cristianas establecidas en tierra cubana desde hace mucho tiempo. La suma total de cristianos comprometidos con sus parroquias católicas o sus iglesias evangélicas locales puede expresarse en cientos de miles y la cifra total de un millón de cristianos practicantes no se trata ahora de una ilusión sino de una meta cercana. Los millones de cubanos bautizados en el seno de la Iglesia Católica Romana y los cientos de miles de bautizados por las iglesias evangélicas son un gran indicio de la permanencia histórica del cristianismo como forma de religiosidad de los cubanos.

Pero lo anterior no debe ser objeto de exageración. El fenómeno religioso de carácter sincrético atrae a millones de compatriotas y la sociedad cubana del futuro no será ajena, en modo alguno, al pluralismo religioso y al secularismo que prevalece en casi todo el vasto escenario geográfico relacionado históricamente con la milenaria civilización cristiana. La voz de Juan Pablo II se ha levantado no sólo para proclamar «la verdad para alcanzar la libertad», lo cual atrae al multitudinario auditorio de cubanos ansiosos por nuevos rumbos políticos, sociales y económicos, sino también para exigir que los estados se aparten de toda imposición contraria a la libre actividad de las diversas religiones y las diferentes confesiones cristianas.

En estos documentos no sólo se destacan las voces del líder espiritual de más de mil millones de católicos romanos y del ilustre compatriota que integra el Colegio de Cardenales de la Iglesia Romana, nuestro viejo amigo el Arzobispo de La Habana Jaime Ortega Alamino, sino también la del Arzobispo Primado de Cuba, Pedro Claro Meurice Estíu, ocupante de la sede santiaguera. Este último alcanzó las altas cimas del profetismo al señalar los males que han perjudicado a la religión y dañado a la sociedad cubana en las últimas décadas. Además del análisis mesurado del Obispo de Santa Clara, Fernando Prego Casal, resuenan en estas páginas las palabras del Obispo de Camagüey Adolfo Rodríguez Herrera, quien resumió magistralmente en su homilía las grandes realidades de los esfuerzos de evangelización en Cuba, los cuales, aunque incompletos, son parte de la herencia religiosa de nuestro pueblo.

Las palabras de Monseñor Rodríguez Herrera serán probablemente incluídas en futuras historias del quehacer evangelizador: «En Cuba hemos tenido varias etapas de la evangelización; una primera que realizaron religiosos de España; una segunda que realizaron ministros de otras confesiones cristianas, procedentes entonces preferentemente de Estados Unidos. Ahora han sido los laicos cubanos los que han evangelizado a los cubanos; y eso lo debemos a la expectante espera de su visita...» Su mensaje concluye, pues, con el natural fervor creado por los preparativos de este histórico acontecimiento y contribuyen al marco de referencia del futuro del movimiento religioso y el cristianismo en Cuba. Esas afirmaciones fundamentales ayudarán sin duda a evitar innecesarias confrontaciones y luchas entre grupos y confesiones comprometidos a evangelizar a un pueblo que en su gran mayoría se mantiene todavía alejado de la práctica religiosa y del conocimiento de las doctrinas más elementales de la religión cristiana.

Los documentos que Ediciones Universal pone ahora en nuestras manos constituyen una crónica de nuestro tiempo, un instrumento idóneo para la reflexión y el estudio, y un recuento edificante del largo proceso de una visita que situó a Cuba en el gran mapa del mundo de la religión a finales del siglo XX.

Dr. Marcos Antonio Ramos [11]

---

[11] Marcos Antonio Ramos es Decano y Profesor de Historia de la Iglesia del Centro de Estudios Teológicos del Sur de la Florida. Miembro de Número de la Academia Norteamericana de la Lengua Española e Individuo Correspondiente de la Real Academia Española. Autor de *Panorama del Protestantismo en Cuba*, *Historia de las Religiones*, y numerosas obras de investigación histórica.

Catedral de Bayamo-Manzanillo

Catedral de Holguín

El Excmo. Sr. Cardenal Jaime Ortega durante su visita a la ermita de la Virgen de la Caridad en Miami en mayo de 1995

SELECCIÓN DE OTROS LIBROS PUBLICADOS POR EDICIONES UNIVERSAL

EN LA COLECCIÓN FÉLIX VARELA:

- 815-2   MEMORIAS DE JESÚS DE NAZARET, José Paulos
- 833-0   CUBA: HISTORIA DE LA EDUCACIÓN CATÓLICA 1582-1961 (2 vols.), Teresa Fernández Soneira
- 842-X   EL HABANERO, Félix Varela (con un estudio de José M. Hernández e introducción por Mons. Agustín Román
- 867-5   MENSAJERO DE LA PAZ Y LA ESPERANZA (Visita de Su Santidad Juan Pablo II a Cuba)

EN LA COLECCIÓN CLÁSICOS CUBANOS:

011-9   ESPEJO DE PACIENCIA, Silvestre de Balboa
(Edición de Ángel Aparicio Laurencio)
012-7   POESÍAS COMPLETAS, José María Heredia
(Edición de Ángel Aparicio Laurencio)
026-7   DIARIO DE UN MÁRTIR Y OTROS POEMAS,
Juan Clemente Zenea
(Edición de Ángel Aparicio Laurencio)
028-3   LA EDAD DE ORO, José Martí
(Introducción de Humberto J. Peña)
031-3   ANTOLOGOGÍA DE LA POESÍA RELIGIOSA DE LA AVELLENADA,
Florinda Álzaga & Ana Rosa Núñez
054-2   SELECTED POEMS OF JOSÉ MARÍA HEREDIA IN ENGLISH TRANSLATION, José María Heredia
(Edición de Ángel Aparicio Laurencio)
140-9   TRABAJOS DESCONOCIDOS Y OLVIDADOS DE JOSÉ MARÍA HEREDIA,
Edición de Ángel Aparicio Laurencio
0550-9   CONTRABANDO, Enrique Serpa
(Edición de Néstor Moreno)
3090-9   ENSAYO DE DICCIONARIO DEL PENSAMIENTO VIVO DE LA AVELLANEDA,
Florinda Álzaga & Ana Rosa Núñez
0286-5   CECILIA VALDÉS, Cirilo Villaverde
(Introducción de Ana Velilla)
351-7   CUCALAMBÉ (DÉCIMAS CUBANAS),
Juan C. Nápoles Fajardo
482-3   EL PAN DE LOS MUERTOS, Enrique Labrador Ruiz
581-1   CARTAS A LA CARTE, Enrique Labrador Ruiz
(Edición de Juana Rosa Pita)
669-9   HOMENAJE A DULCE MARÍA LOYNAZ.
Edición de Ana Rosa Núñez

678-8	EPITAFIOS, IMITACIÓN, AFORISMOS, Severo Sarduy (Ilustrado por Ramón Alejandro. Estudios por Concepción T. Alzola y Gladys Zaldívar)
688-5	POESÍAS COMPLETAS Y PEQUEÑOS POEMAS EN PROSA EN ORDEN CRONOLÓGICO DE JULIÁN DEL CASAL. Edición y crítica de Esperanza Figueroa
722-9	VISTA DE AMANECER EN EL TRÓPICO, Guillermo Cabrera Infante

EN LA COLECCIÓN CUBA Y SUS JUECES:

0359-6	CUBA EN 1830, Jorge J. Beato & Miguel F. Garrido
045-3	LA AYUDA CUBANA A LA LUCHA POR LA INDEPENDENCIA NORTEAMERICANA, Eduardo J. Tejera
046-1	CUBA Y LA CASA DE AUSTRIA, Nicasio Silverio Saínz
049-6	TRES VIDAS PARALELAS, Nicasio Silverio Saínz
050-X	HISTORIA DE CUBA, Calixto C. Masó
051-8	RAÍCES DEL ALMA CUBANA, Florinda Alzaga
118-2	EL ARTE EN CUBA, Martha de Castro
119-0	JALONES DE GLORIA MAMBISA, Juan J.E. Casasús
165-4	VIDAS CUBANAS - CUBAN LIVES.- VOL. I., José Ignacio Lasaga
205-7	VIGENCIA POLÍTICA Y LIT. DE MARTÍN MORÚA DELGADO, Aleyda T. Portuondo
207-3	MEMORIAS DE UN DESMEMORIADO-Leña para fuego historia de Cuba, José R. García Pedrosa
211-1	HOMENAJE A FÉLIX VARELA, Sociedad Cubana de Filosofía
220-0	ÍNDICE DE LOS DOCUMENTOS Y MANUSCRITOS DELMONTINOS, Enildo A. García
240-5	AMÉRICA EN EL HORIZONTE. UNA PERSPECTIVA CULTURAL, Ernesto Ardura
243-X	LOS ESCLAVOS Y LA VIRGEN DEL COBRE, Leví Marrero
262-6	NOBLES MEMORIAS, Manuel Sanguily
293-6	HISTORIA DE LA ODONTOLOGÍA EN CUBA. VOL.I: (1492-1898), César A. Mena
310-X	HISTORIA DE LA ODONTOLOGÍA EN CUBA VOL.II: (1899-1940), César A. Mena
311-8	HISTORIA DE LA ODONTOLOGÍA EN CUBA VOL.III:(1940-1958), César A. Mena
344-4	HISTORIA DE LA ODONTOLOGÍA EN CUBA VOL IV:(1959-1983), César A. Mena
3122-0	RELIGIÓN Y POLÍTICA EN CUBA DEL SIGLO XIX(OBISPO ESPADA), Miguel Figueroa
347-9	EL PADRE VARELA.(Biografía forjador de la conciencia cubana) Antonio Hernández-Travieso
353-3	LA GUERRA DE MARTÍ (La lucha de los cubanos por la independencia), Pedro Roig
361-4	EL MAGNETISMO DE JOSÉ MARTÍ, Fidel Aguirre
374-6	GRAU: ESTADISTA Y POLÍTICO (Cincuenta años de la Historia de Cuba), Antonio Lancís

376-2	CINCUENTA AÑOS DE PERIODISMO, Francisco Meluzá Otero
379-7	HISTORIA DE FAMILIAS CUBANAS (VOLS.I-VI) Francisco Xavier de Santa Cruz y Mallén
380-0	HISTORIA DE FAMILIAS CUBANAS. VOL. VII, Francisco Xavier de Santa Cruz y Mallén
408-4	HISTORIA DE FAMILIAS CUBANAS. VOL. VIII, Francisco Xavier de Santa Cruz y Mallén
409-2	HISTORIA DE FAMILIAS CUBANAS. VOL. IX, Francisco Xavier de Santa Cruz y Mallén
407-6	VIDAS CUBANAS II/CUBAN LIVES II, José Ignacio Lasaga
411-4	LOS ABUELOS: HISTORIA ORAL CUBANA, José B. Fernández
413-0	ELEMENTOS DE HISTORIA DE CUBA, Rolando Espinosa
425-4	A LA INGERENCIA EXTRAÑA LA VIRTUD DOMÉSTICA, Carlos Márquez Sterling
426-2	BIOGRAFÍA DE UNA EMOCIÓN POPULAR: EL DR. GRAU Miguel Hernández-Bauzá
431-9	MIS RELACIONES CON MÁXIMO GÓMEZ, Orestes Ferrara
437-8	HISTORIA DE MI VIDA, Agustín Castellanos
443-2	EN POS DE LA DEMOCRACIA ECONÓMICA, Varios
450-5	VARIACIONES EN TORNO A DIOS,TIEMPO,MUERTE Y OTROS, Octavio R. Costa
483-1	JOSÉ ANTONIO SACO , Anita Arroyo
490-4	HISTORIOLOGÍA CUBANA I (1492-1998), José Duarte Oropesa
2580-8	HISTORIOLOGÍA CUBANA II (1998-1944), José Duarte Oropesa
2582-4	HISTORIOLOGÍA CUBANA III (1944-1959), José Duarte Oropesa
510-2	GENEALOGÍA, HERÁLDICA E HIST.DE NUESTRAS FAMILIAS, Fernando R. de Castro
516-1	EL PERFIL PASTORAL DE FÉLIX VARELA, Felipe J. Estévez
518-8	CUBA Y SU DESTINO HISTÓRICO. Ernesto Ardura
520-X	APUNTES DESDE EL DESTIERRO, Teresa Fernández Soneira
532-3	MANUEL SANGUILY. HISTORIA DE UN CIUDADANO, Octavio R. Costa
538-2	DESPUÉS DEL SILENCIO, Fray Miguel Angel Loredo
569-2	ELENA MEDEROS (Una mujer con perfil para la historia), María Luisa Guerrero
577-3	ENRIQUE JOSÉ VARONA Y CUBA, José Sánchez Boudy
586-2	SEIS DÍAS DE NOVIEMBRE, Byron Miguel
592-7	DOS FIGURAS CUBANAS Y UNA SOLA ACTITUD, Rosario Rexach
598-6	II ANTOLOGÍA DE INSTANTÁNEAS, Octavio R. Costa
606-0	CRISIS DE LA ALTA CULTURA EN CUBA-INDAGACIÓN DEL CHOTEO, Jorge Mañach
608-7	VIDA Y MILAGROS DE LA FARÁNDULA DE CUBA, Rosendo Rosell
620-6	TODOS SOMOS CULPABLES, Guillermo de Zéndegui
623-0	HISTORIOLOGÍA CUBANA IV, José Duarte Oropesa
624-9	HISTORIA DE LA MEDICINA EN CUBA I:, César A. Mena y Armando F. Cobelo
626-5	LA MÁSCARA Y EL MARAÑÓN (IDENTIDAD NACIONAL CUBANA), Lucrecia Artalejo
645-1	FÉLIX VARELA: ANÁLISIS DE SUS IDEAS POLÍTICAS, Juan P. Esteve
646-X	HISTORIA DE LA MEDICINA EN CUBA II, César A. Mena
647-8	REFLEXIONES SOBRE CUBA Y SU FUTURO, (2da.edc.aumentada), Luis Aguilar León
648-6	DEMOCRACIA INTEGRAL, Instituto de Solidaridad Cristiana

652-4	ANTIRREFLEXIONES, Juan Alborná-Salado
668-0	VIDA Y MILAGROS DE LA FARÁNDULA DE CUBA II, Rosendo Rosell
676-1	EL CAIMÁN ANTE EL ESPEJO(ensayo de interpretación de lo cubano), Uva de Aragón Clavijo
680-X	¿POR QUÉ FRACASÓ LA DEMOCRACIA EN CUBA?, Luis Fernández-Caubí
682-6	IMAGEN Y TRAYECTORIA DEL CUBANO EN LA HISTORIA I (1492-1902),Octavio Costa
690-7	CUBA Y SU CULTURA, Raúl M. Shelton
703-2	MÚSICA CUBANA: DEL AREYTO A LA NUEVA TROVA, Cristóbal Díaz Ayala
706-7	BLAS HERNÁNDEZ Y LA REVOLUCIÓN CUBANA DE 1933, Ángel Aparicio
721-0	CUBA CANTA Y BAILA (Discografía cubana), Cristóbal Díaz Ayala
740-7	CUBA: VIAJE AL PASADO, Roberto A. Solera
743-1	MARTA ABREU, UNA MUJER COMPRENDIDA Pánfilo D. Camacho
745-8	CUBA: ENTRE LA INDEPENDENCIA Y LA LIBERTAD, Armando P. Ribas
747-4	LA HONDA DE DAVID, Mario Llerena
752-0	24 DE FEBRERO DE 1895: UN PROGRAMA VIGENTE, Jorge Castellanos
754-7	VIDA Y MILAGROS DE LA FARÁNDULA DE CUBA III, Rosendo Rosell
756-3	LA SANGRE DE SANTA ÁGUEDA (ANGIOLILLO, BETANCES Y CÁNOVAS), Frank Fernández
760-1	ASÍ ERA CUBA (COMO HABLÁBAMOS, SENTÍAMOS Y ACTUÁBAMOS), Daniel Román
753-9	CUBA: ARQUITECTURA Y URBANISMO, Felipe J. Préstamo (edit.)
765-2	CLASE TRABAJADORA Y MOVIMIENTO SINDICAL EN CUBA I(1819-1959), Efrén Córdova
766-0	CLASE TRABAJADORA Y MOVIMIENTO SINDICAL EN CUBA II(1959-1996), Efrén Córdova
786-5	POR LA LIBERTAD DE CUBA, Néstor Carbonell Cortina
792-X	CRONOLOGÍA MARTIANA, Delfín Rodríguez Silva
798-9	APUNTES SOBRE LA NACIONALIDAD CUBANA, Luis Fernández-Caubí
804-7	EL CARÁCTER CUBANO (Apuntes para un ensayo de Psicología Social), Calixto Masó y Vázquez
808-X	RAZÓN Y PASÍON (Veinticinco años de estudios cubanos), Instituto de Estudios Cubanos
820-9	VIDA Y MILAGROS DE LA FARÁNDULA CUBANA. Tomo IV, Rosendo Rosell
823-3	JOSÉ VARELA ZEQUEIRA(1854-1939);SU OBRA CIENTÍFICO-LITERARIA, Beatriz Varela
832-2	TODO TIENE SU TIEMPO, Luis Aguilar León
860-8	VIAJEROS EN CUBA (1800-1850), Otto Olivera

EN LA COLECCIÓN DICCIONARIOS:

01-9	HABLA TRADICIONAL DE CUBA: REFRANERO FAMILIAR (Antología de refranes y frases cubanas), Concepción T. Alzola
2702-9	A GUIDE TO 4,400 SPANISH VERBS (DICTIONARY OF SPANISH VERBS WITH THEIR ENGLISH EQUIVALENTS AND MODELS OF CONJUGATION José A. Rodríguez Delfín
113-1	A BILINGUAL DICTIONARY OF EXCLAMATIONS AND INTERJECTIONS IN SPANISH AND ENGLISH, Donald R. Kloe

114-X	NUEVO DICCIONARIO DE LA RIMA, Adolfo F. León
209-X	DICCIONARIO DE INGENIERÍA (inglés-español/español-inglés), José T. Villate
597-8	DICCIONARIO DE SEUDÓNIMOS Y ESCRITORES IBEROAMERICANOS (diccionario de escritores de América Latina con información bibliográfica, país. fecha de nacimiento y otros datos.), Gerardo Sáenz
701-6	YO ME ACUERDO. DICCIONARIO DE NOSTALGIAS CUBANAS, José Pardo Llada

DICCIONARIO DE CUBANISMOS MÁS USUALES (COMO HABLA EL CUBANO), **José Sánchez-Boudy**

199-9	DICCIONARIO DE CUBANISMOS I
336-3	DICCIONARIO DE CUBANISMOS II
416-5	DICCIONARIO DE CUBANISMOS III
457-2	DICCIONARIO DE CUBANISMOS IV
500-5	DICCIONARIO DE CUBANISMOS V
549-8	DICCIONARIO DE CUBANISMOS VI
710-5	DICCIONARIO MAYOR DE CUBANISMOS, José Sánchez-Boudy
846-2	LÉXICO TABACALERO CUBANO, José E. Perdomo (Con vocabulario español-inglés / Spanish-English Vocabulary)

EN LA COLECCIÓN ANTOLOGÍAS:

3361-4	NARRADORES CUBANOS DE HOY, Julio E. Hernández-Miyares (Ed.)
4612-0	ANTOLOGÍA DEL COSTUMBRISMO EN CUBA, H. Ruiz del Vizo (Ed.)
6424-2	ALMA Y CORAZÓN (antología de poetisas hispanoamericanas), Catherine Perricone
006-2	POESÍA EN EXODO, Ana Rosa Núñez (Ed.)
007-0	POESÍA NEGRA DEL CARIBE Y OTRAS ÁREAS, Hortensia Ruiz del Vizo (Ed.)
008-9	BLACK POETRY OF THE AMERICAS, Hortensia Ruiz del Vizo (Ed.)
055-0	CINCO POETISAS CUBANAS (1935-1969), Ángel Aparicio (Ed.)
164-6	VEINTE CUENTISTAS CUBANOS, Leonardo Fernández Marcané (Ed.)
166-2	CUBAN CONSCIOUSNESS IN LITERATURE (1923-1974) (antología de ensayos y literatura cubana traducidos al inglés), José R. de Armas & Charles W. Steele (Editores)
208-1	50 POETAS MODERNOS, Pedro Roig (Ed.)
369-X	ANTOLOGÍA DE LA POESÍA INFANTIL (las mejores poesías para niños), Ana Rosa Núñez (Ed.)
665-6	NARRATIVA Y LIBERTAD: CUENTOS CUBANOS DE LA DIÁSPORA, Julio E. Hernández-Miyares (Ed.)
685-0	LAS CIEN MEJORES POESÍAS CUBANAS, Edición de Armando Álvarez Bravo

www.ingramcontent.com/pod-product-compliance
Lightning Source LLC
Chambersburg PA
CBHW031418290426
44110CB00011B/428